종이접기
미니카와 미니젯의
슈퍼 로봇 대전

종이접기 미니카와 미니젯의 슈퍼 로봇 대전

발행일	2025년 7월 7일
지은이	서원선
펴낸이	손형국
펴낸곳	(주)북랩
편집인	선일영
편집	김현아, 배진용, 김다빈, 김부경
디자인	이현수, 김민하, 임진형, 안유경, 한수희
제작	박기성, 구성우, 이창영, 배상진
마케팅	김회란, 박진관
출판등록	2004. 12. 1(제2012-000051호)
주소	서울특별시 금천구 가산디지털 1로 168, 우림라이온스밸리 B동 B111호, B113~115호
홈페이지	www.book.co.kr
전화번호	(02)2026-5777 팩스 (02)3159-9637
ISBN	979-11-7224-710-2 13650 (종이책) 979-11-7224-711-9 15650 (전자책)

잘못된 책은 구입한 곳에서 교환해드립니다.
이 책은 저작권법에 따라 보호받는 저작물이므로 무단 전재와 복제를 금합니다.
이 책은 (주)북랩이 보유한 리코 장비로 인쇄되었습니다.

(주)북랩 성공출판의 파트너
북랩 홈페이지와 패밀리 사이트에서 다양한 출판 솔루션을 만나 보세요!
홈페이지 book.co.kr • **블로그** blog.naver.com/essaybook • **출판문의** text@book.co.kr

작가 연락처 문의 ▶ ask.book.co.kr
작가 연락처는 개인정보이므로 북랩에서 알려드릴 수 없습니다.

 서원선 지음

종이접기
미니카와 미니젯의
슈퍼 로봇 대전

북랩

목차

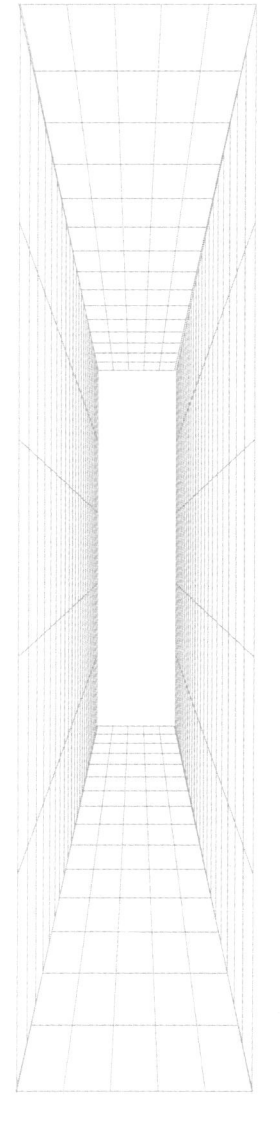

기호 및 접기 방법	6
기본형	7
미니카 컨텐츠	8
종합 컨텐츠	9
게임 방법	11

1. 공통(머리, 발, 팔) — 12
2. 미니카 오딘 — 23
3. 미니카 에이르 — 28
4. 미니카 토르 — 32
5. 미니카 헤르모드 — 38
6. 미니카 비다르 — 43
7. 미니젯 수라 — 48
8. 미니젯 비슈누 — 53
9. 미니젯 칼리 — 58
10. 미니젯 아그니 — 63
11. 미니젯 가야트리 — 68
12. 검 — 73
13. 활 — 76
14. 석궁 — 79
15. 레이저건 — 82
16. 방패 A형 — 85
17. 방패 B형 — 87

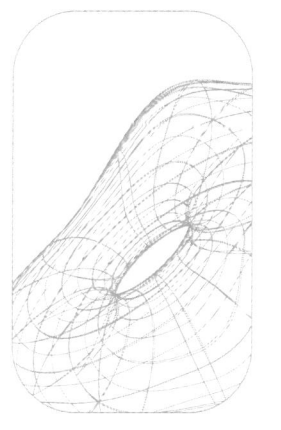

기호 및 접기 방법

기호

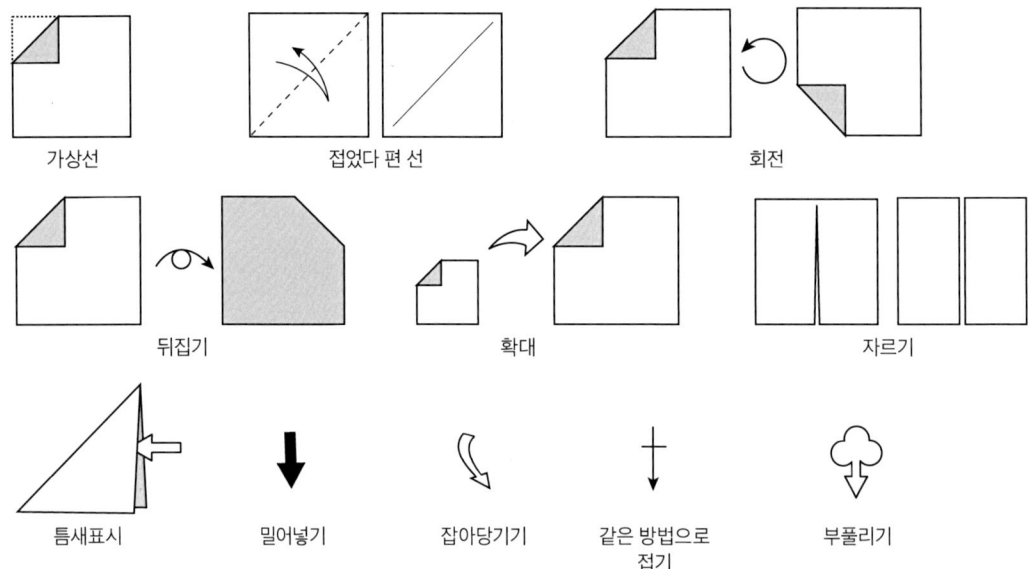

접기 방법

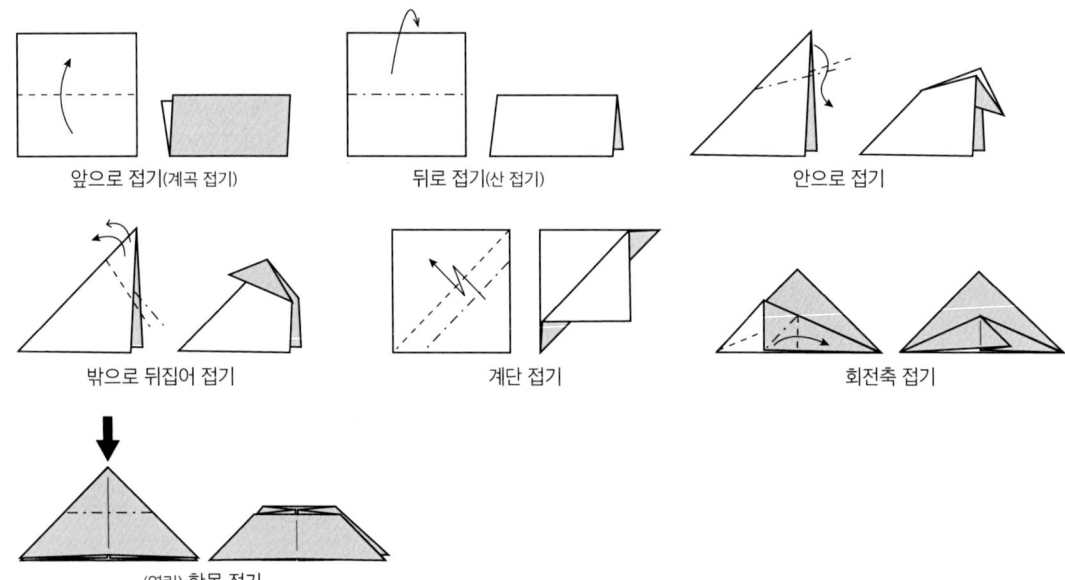

기본형

✗ 문 접기
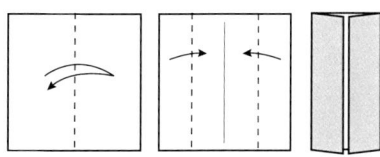

✗ 방석 접기
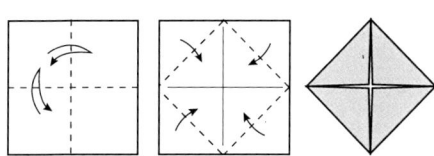

✗ 아이스크림 접기
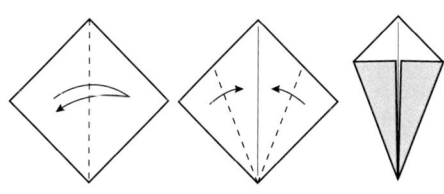

✗ 쌍배 접기
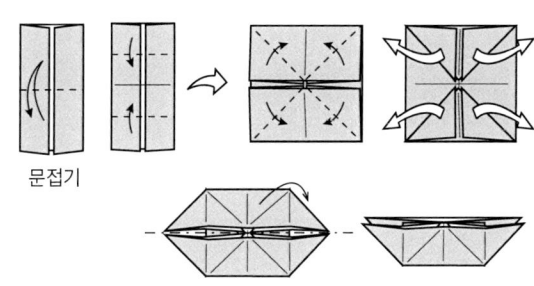

✗ 물고기 접기
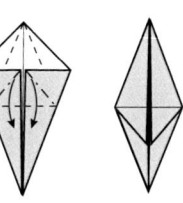

✗ 삼각주머니 접기
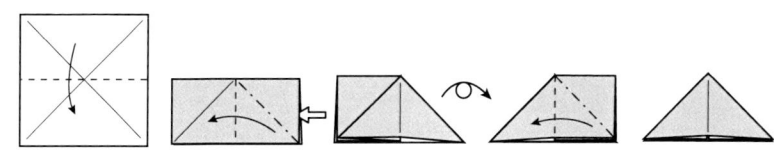

✗ 사각주머니 접기
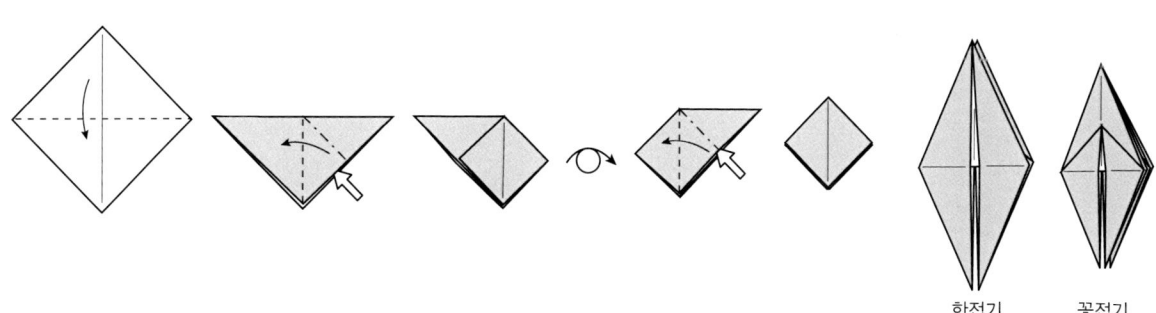

미니카 컨텐츠

✕ 미니카

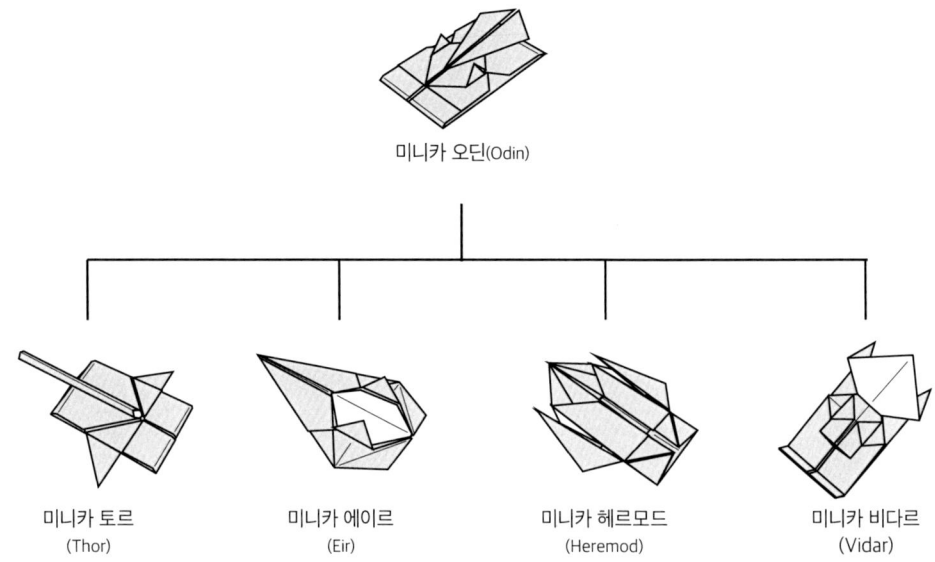

✕ 미니젯

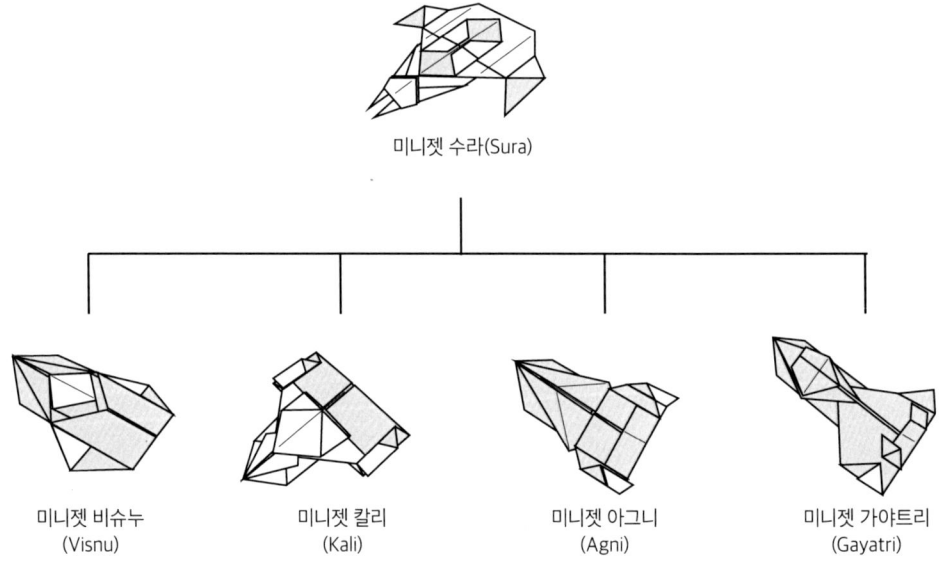

종합 컨텐츠

다른 미니카와 연동
자립 로봇 / 대결 게임
추가적 합체 조립과 변형 가능

미니카 오딘(Odin)

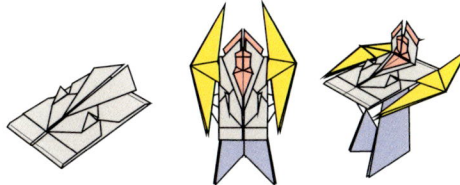

미니카 토르(Thor)

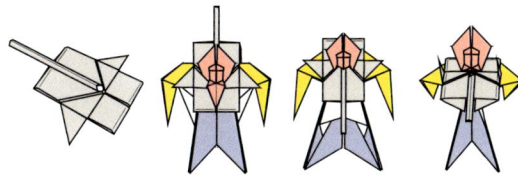

미니카 에이르(Eir)

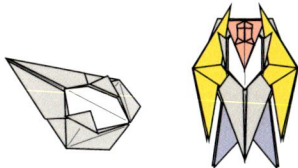

미니카 헤르모드(Heremod)

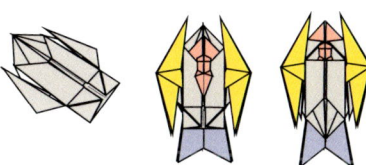

미니카 비다르(Vidar)

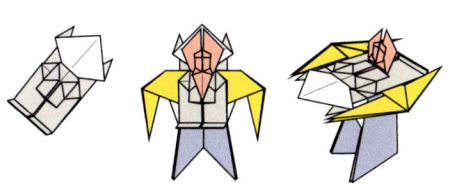

미니젯 수라(Sura)

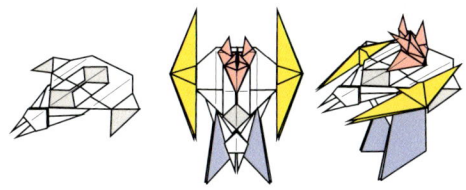

미니젯 비슈누(Visnu)

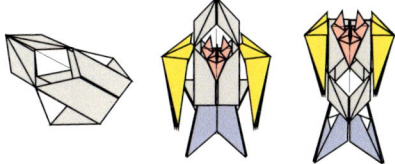

미니젯 칼리(Kali)

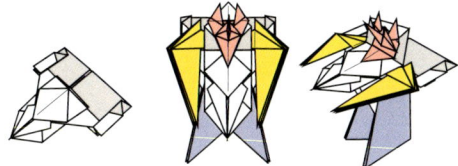

미니젯 아그니(Agni)

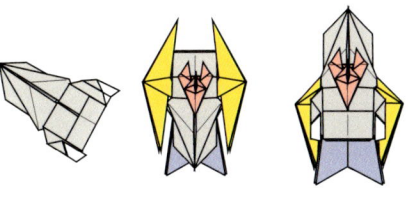

미니젯 가야트리(Gayatri)

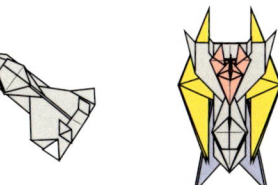

✕ 머리

머리 A형　　　　머리 B형

✕ 팔

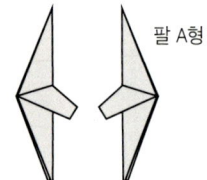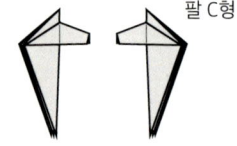

팔 A형　　　　　팔 B형　　　　　팔 C형

✕ 몸체

미니카

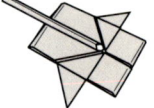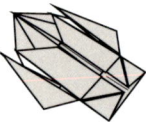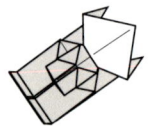

오딘(Odin)　　토르(Thor)　　에이르(Eir)　　헤르모드(Heremod)　　비다르(Vidar)

미니젯

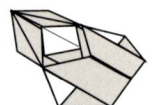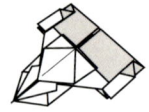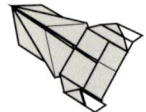

수라(Sura)　　비슈누(Visnu)　　칼리(Kali)　　아그니(Agni)　　가야트리(Gayatri)

✕ 다리

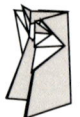

하체 A형　　　　하체 B형　　　　하체 C형

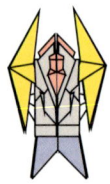

오딘(Odin)　　토르(Thor)　　에이르(Eir)　　헤르모드(Heremod)　　비다르(Vidar)

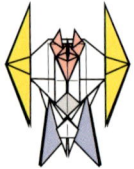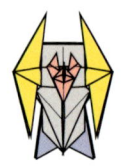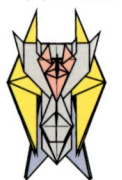

수라(Sura)　　비슈누(Visnu)　　칼리(Kali)　　아그니(Agni)　　가야트리(Gayatri)

게임 방법

✕ 미니카 & 미니젯 레이싱

손가락으로 튕겨서 원 안에 넣어주세요.

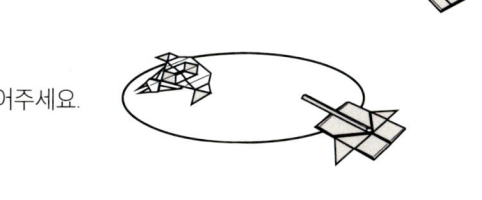

출발선을 만들고
손가락으로 튕겨서
누가더 멀리 가나 시합하세요.

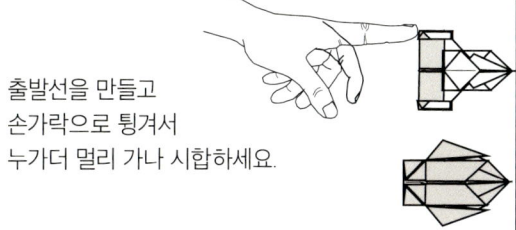
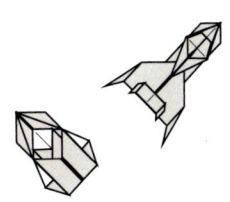

✕ 미니카 & 미니젯 로봇 대전

양 손가락으로 상자를
연속하여 두드려 주세요.
로봇을 움직여 대결합니다.
한편이 쓰러지거나
경기장 밖으로 떨어지면 패!!!

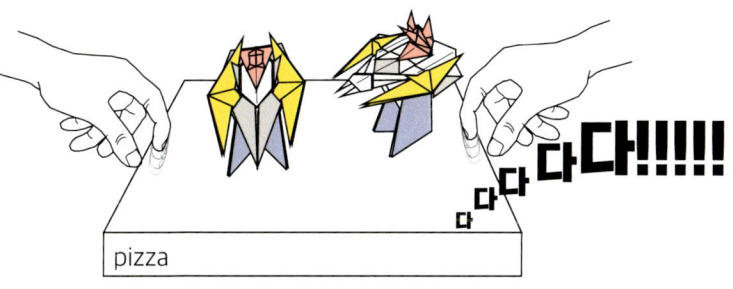

tip. 다리 틈새에 100원짜리 동전을 끼우면 더욱 격렬한 전투를 할 수 있습니다.

1. 공통(머리, 발, 팔)

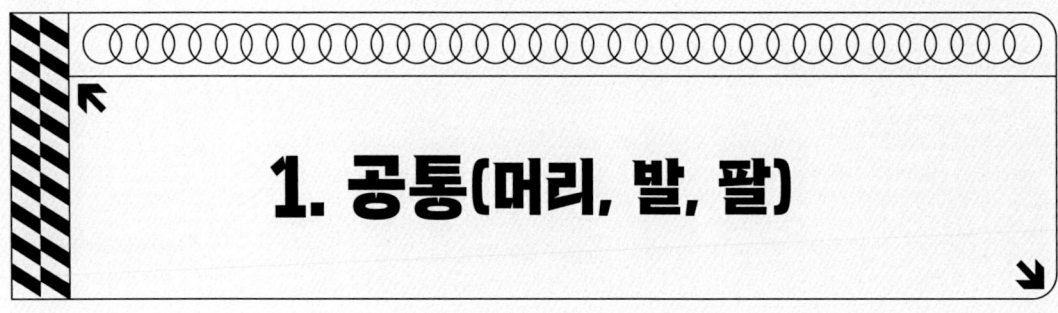

✕ 머리 A형   ✕ 머리 B형

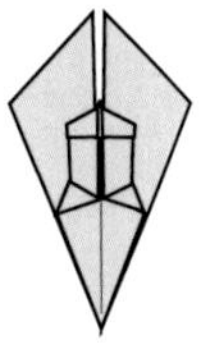

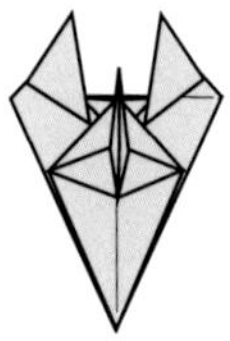

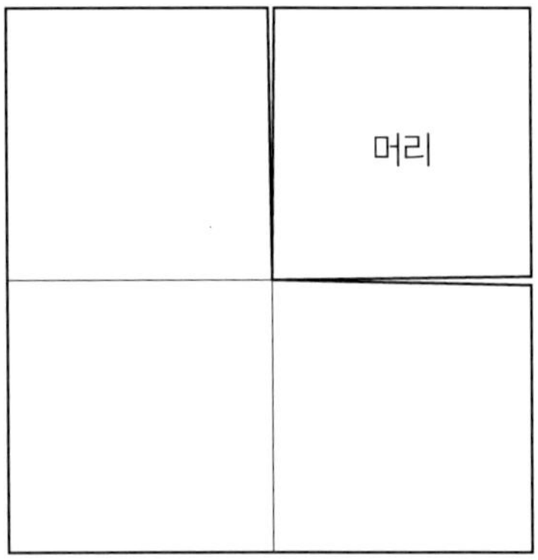

머리

1/4 로 잘라주세요.

❶ 접었다 펴주세요.

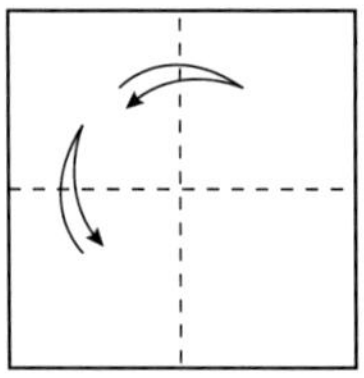

확대

❷ 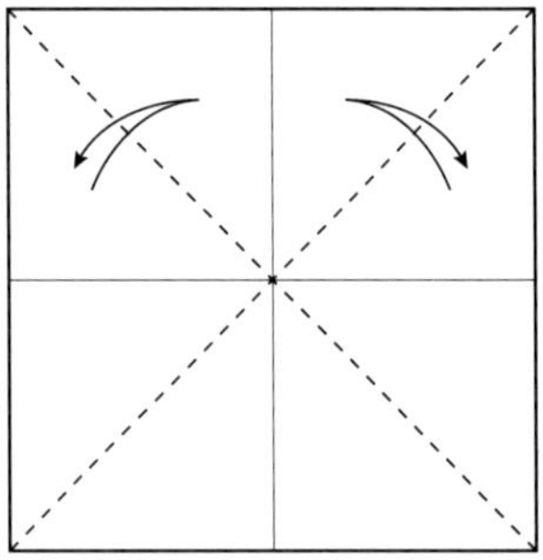 접었다 펴주세요.

❸ 중심점에 모아 접어주세요.

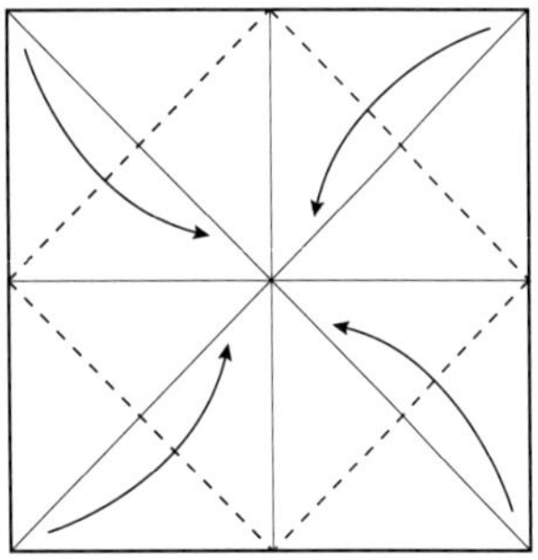

❹ 회전

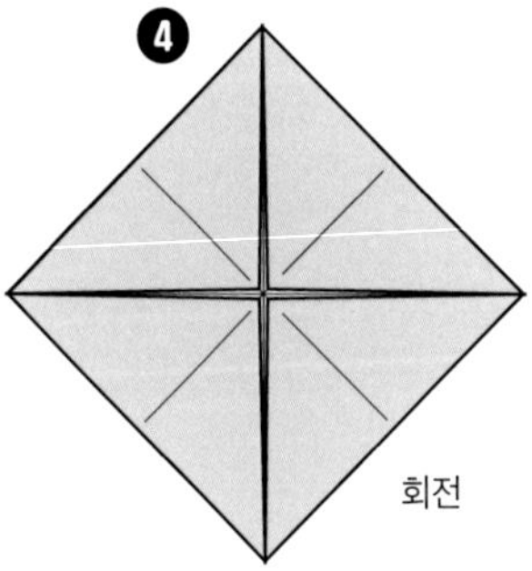

❺ 앞으로 모아 내려 접어주세요.
(삼각주머니접기)

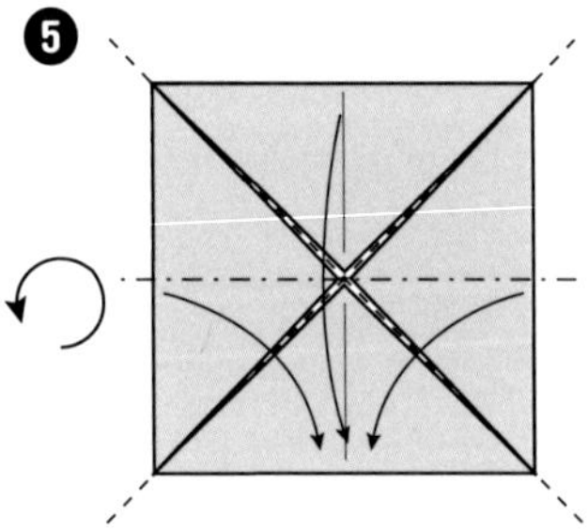

옆으로 펼쳐 눌러 접어주세요.

뒤집기

옆으로 펼쳐 눌러 접어주세요.

뒤로 올려 접어 넣어주세요.

뒤집기

앞으로 올려 접어주세요.

회전

앞으로 접어 틈새로 넣어주세요.

접었다 펴주세요.

양편 계단접기로 모아 올려 세워주세요.

세워진 부분을 펼쳐 눌러 접어주세요.

양옆을 뒤로 접어주세요.

머리 A형 완성

머리 A형 10번에서 시작합니다.

뒤집기

앞으로 당겨 내려 접어주세요.

앞으로 모아 접어 틈새에 넣어주세요.

양옆으로 접어주세요.

비스듬히 올려 접어주세요.

모아 올려 접어 세워주세요.

머리 B형 완성

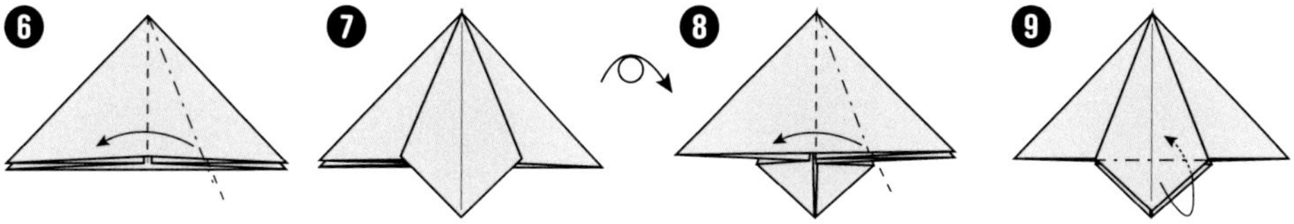

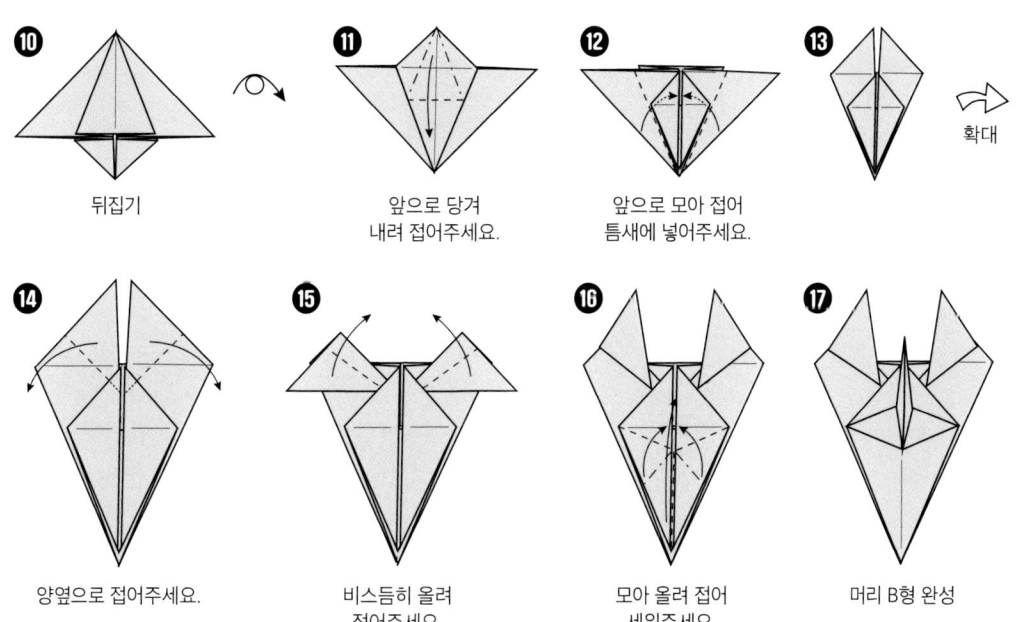

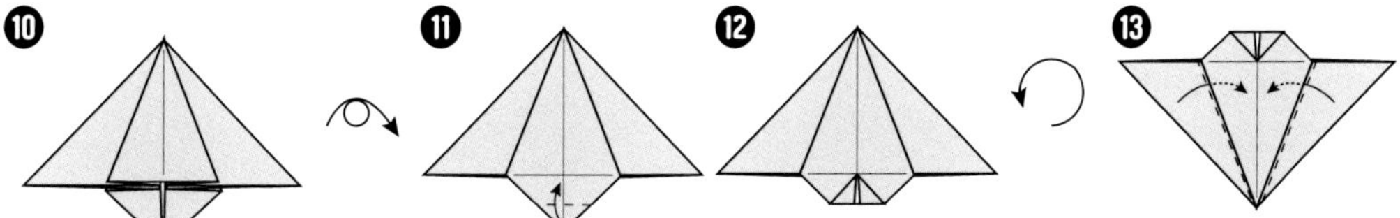

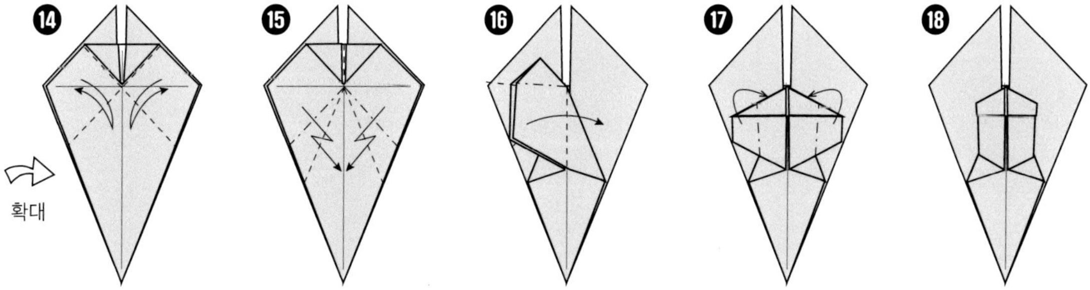

✕ 하체 A형

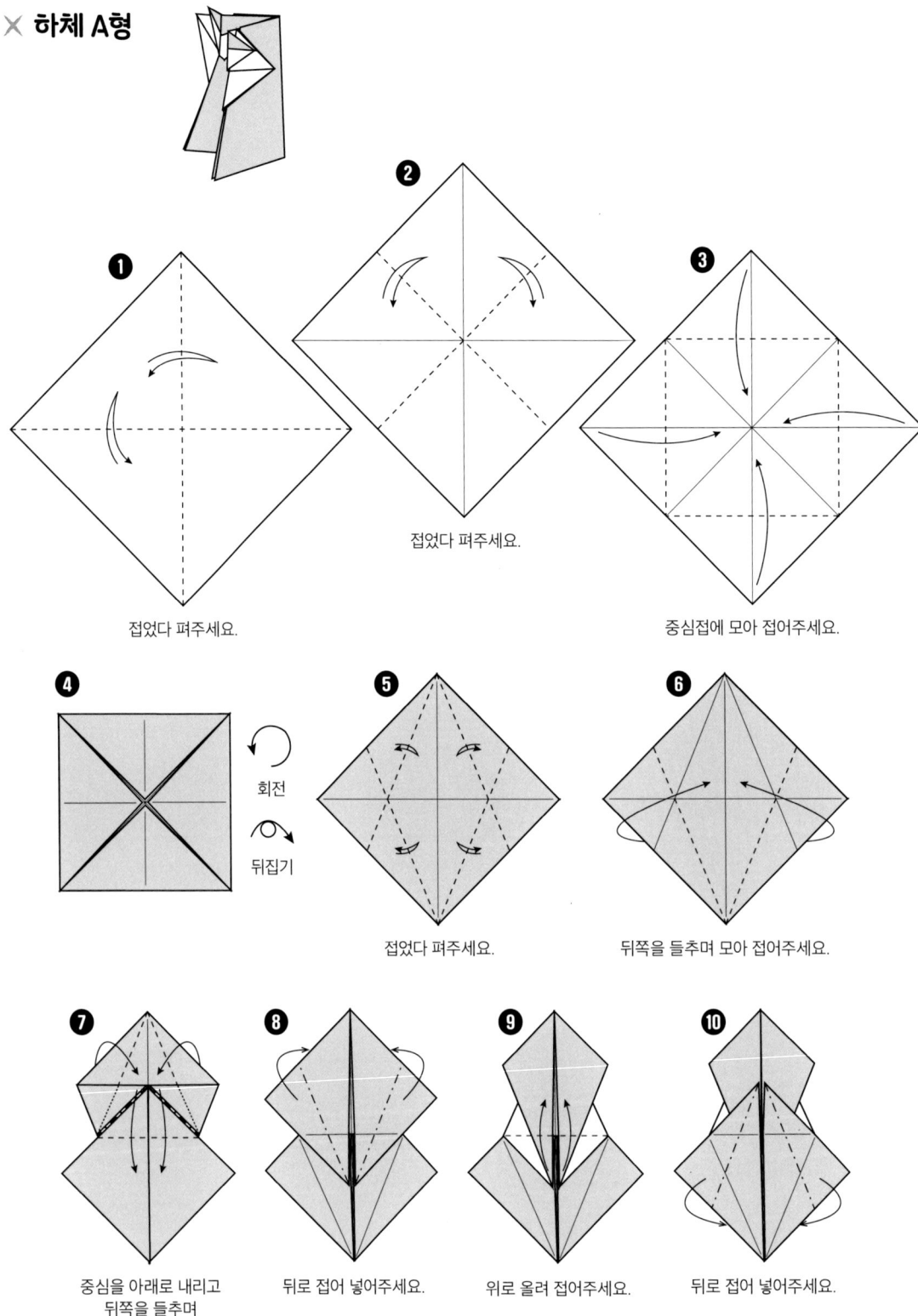

❶ 접었다 펴주세요.

❷ 접었다 펴주세요.

❸ 중심접에 모아 접어주세요.

❹ 회전 / 뒤집기

❺ 접었다 펴주세요.

❻ 뒤쪽을 들추며 모아 접어주세요.

❼ 중심을 아래로 내리고 뒤쪽을 들추며 모아 접어주세요.

❽ 뒤로 접어 넣어주세요.

❾ 위로 올려 접어주세요.

❿ 뒤로 접어 넣어주세요.

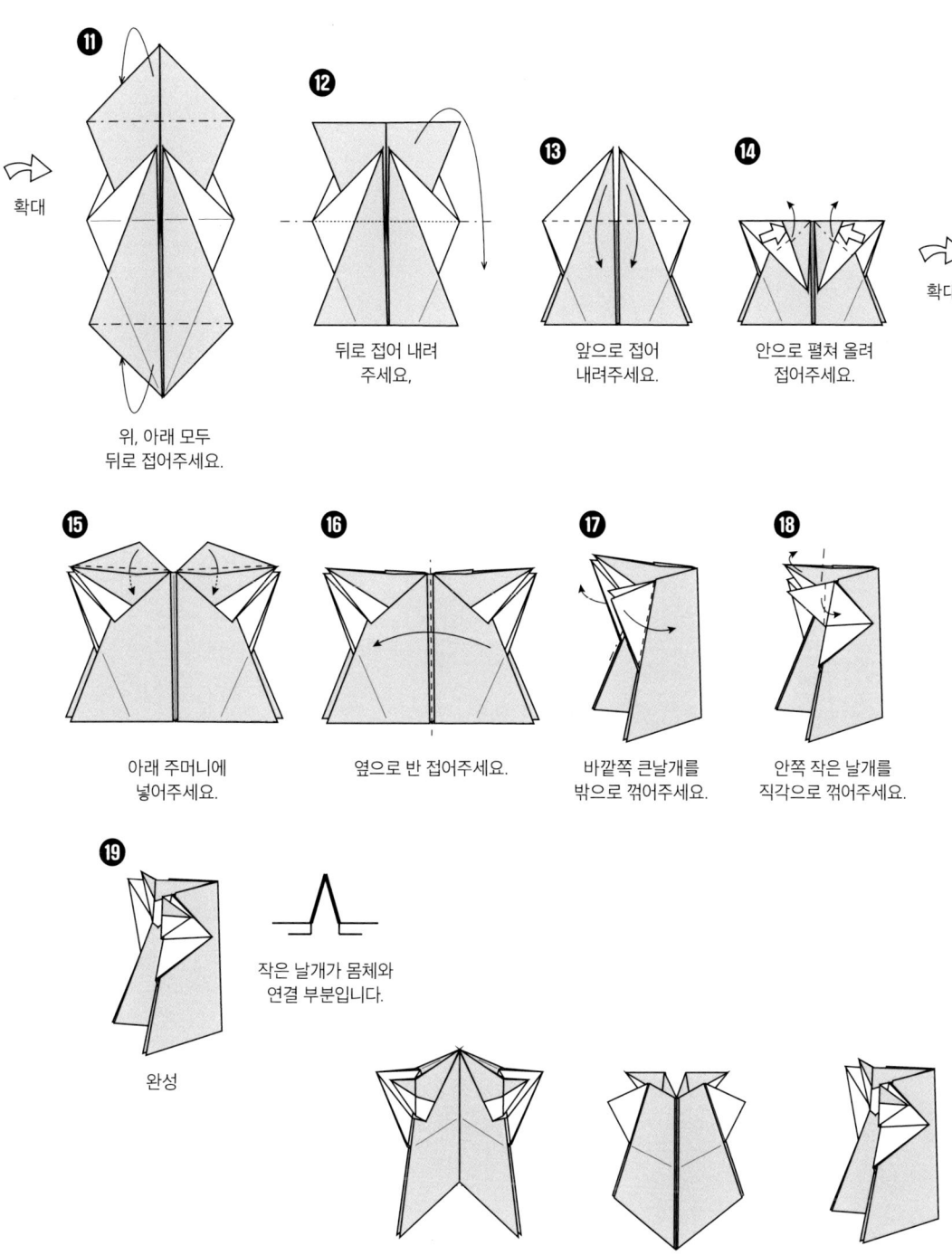

✕ 하체 B형

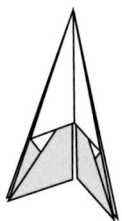

❶ 접었다 펴주세요.

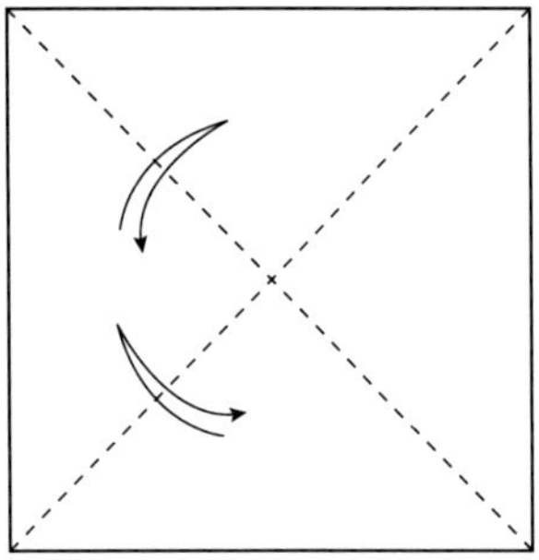

❷ 접었다 펴주세요.

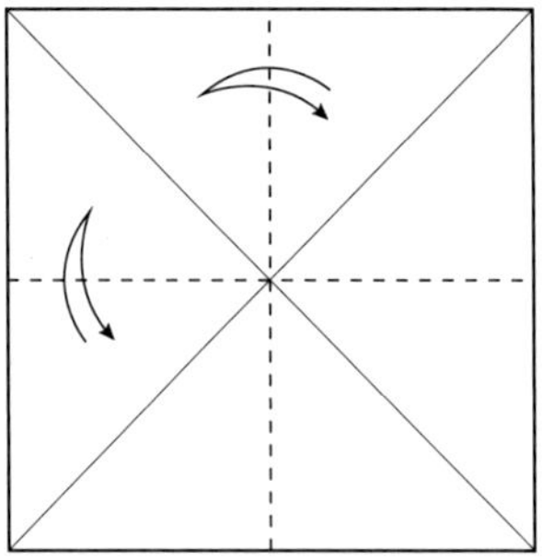

❸ 접었다 펴주세요.

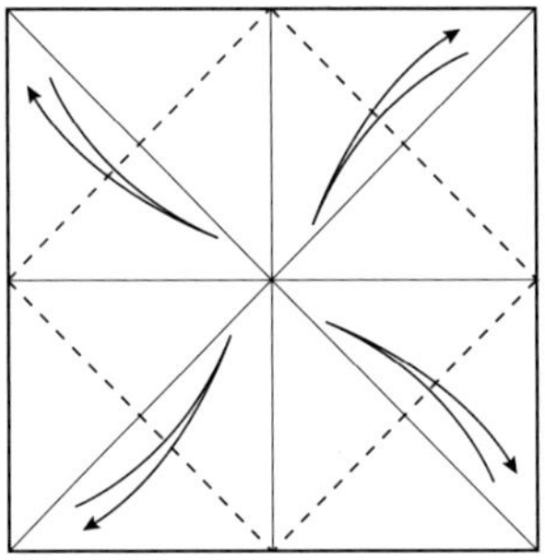

❹ 모서리를 접은 선에 맞추어 접어주세요.

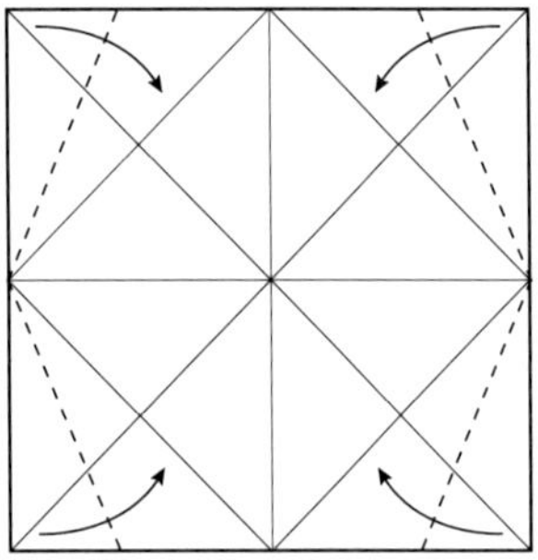

❺ 네곳 모두 앞으로 말아 접어주세요.

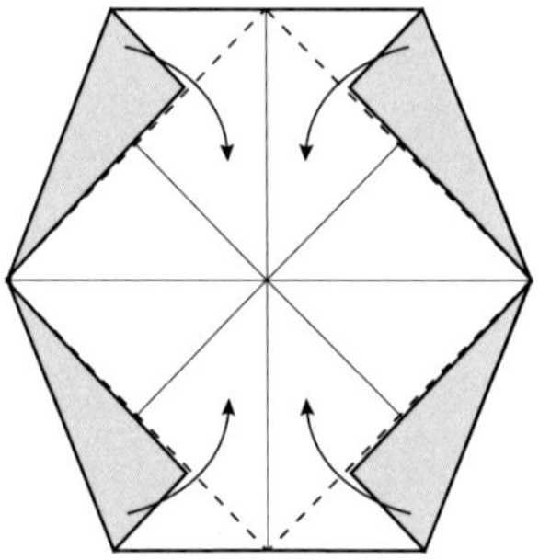

❻ 뒤집기

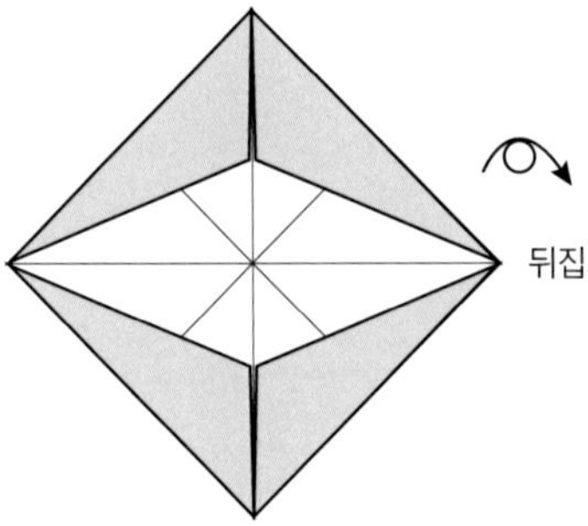

❼ 접었다 펴주세요.

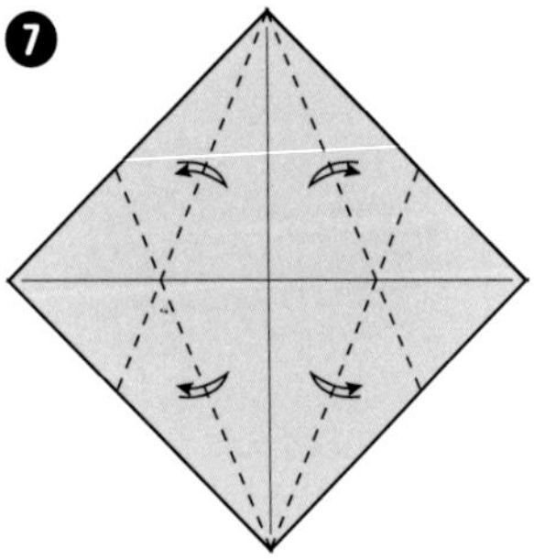

❽ 뒤쪽을 펼치며 중심축에 맞추어 접어주세요.

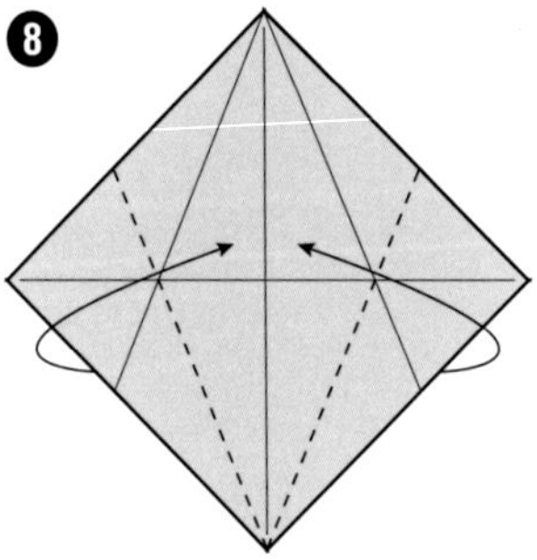

❾ 아래로 당겨 내려 접으며 뒤쪽을 펼쳐 접어주세요.

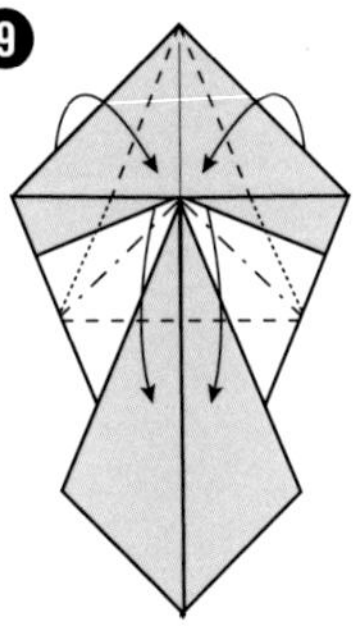

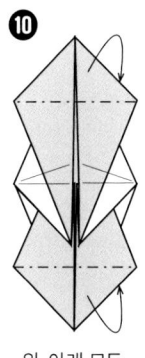

⑩ 위, 아래 모두 뒤로 접어주세요.

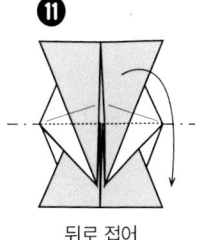

⑪ 뒤로 접어 내려주세요.

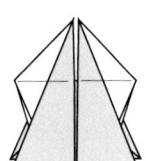

⑫ 확대

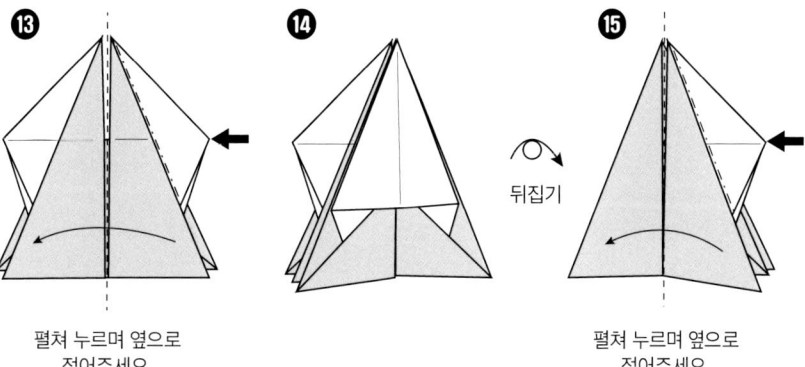

⑬ 펼쳐 누르며 옆으로 접어주세요.

⑭ 뒤집기

⑮ 펼쳐 누르며 옆으로 접어주세요.

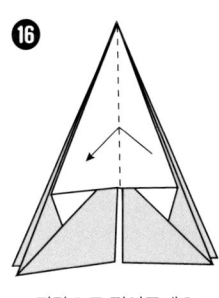

⑯ 직각으로 꺾어주세요.

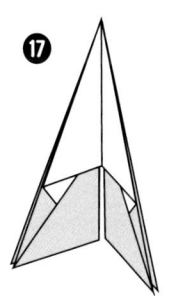

⑰ 완성

✕ 하체 C형

❶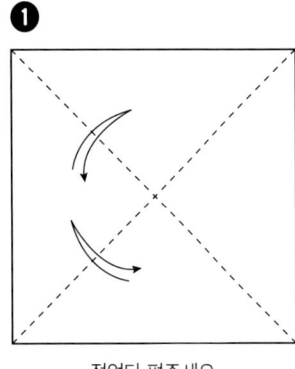
접었다 펴주세요.

❷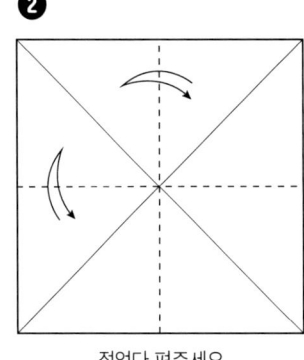
접었다 펴주세요.

❸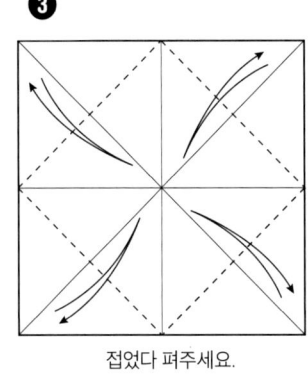
접었다 펴주세요.

❹
모서리를 접은 선에 맞추어
접어주세요.

❺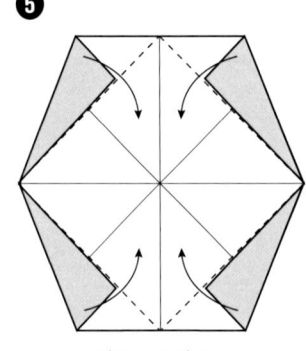
네곳 모두 앞으로
말아 접어주세요.

❻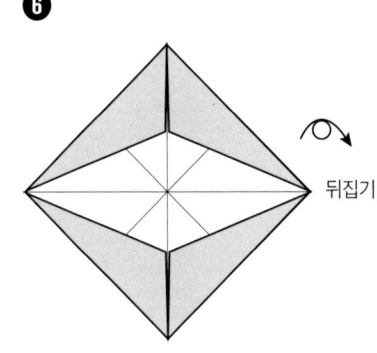
뒤집기

❼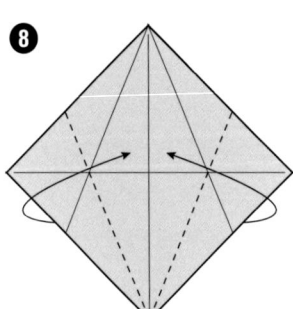
접었다 펴주세요.

❽
뒤쪽을 펼치며
중심축에 맞추어
접어주세요.

❾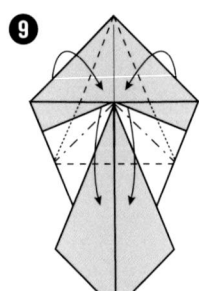
아래로 당겨 내려
접으며 뒤쪽을 펼쳐
접어주세요.

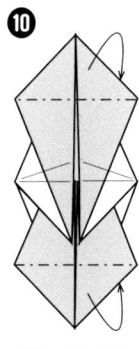

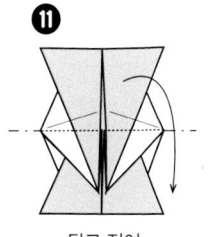

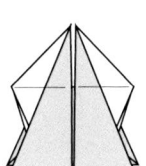

확대

위, 아래 모두
뒤로 접어주세요.

뒤로 접어
내려주세요.

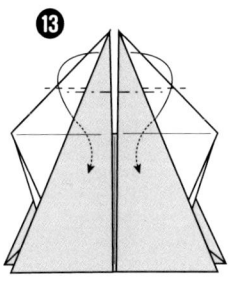

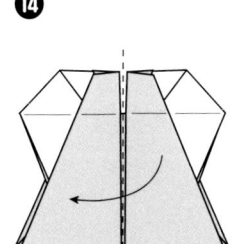

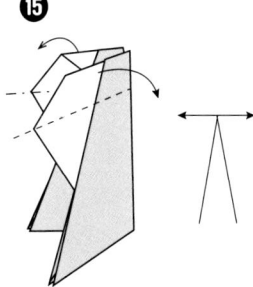

안쪽으로 접어 내려주세요.

직각으로 꺾어주세요.

양옆으로 꺾어주세요.

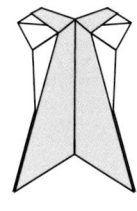

완성

✕ 팔 A형

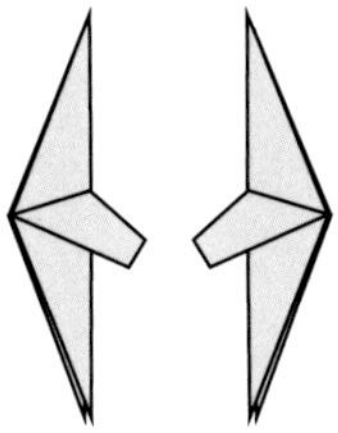

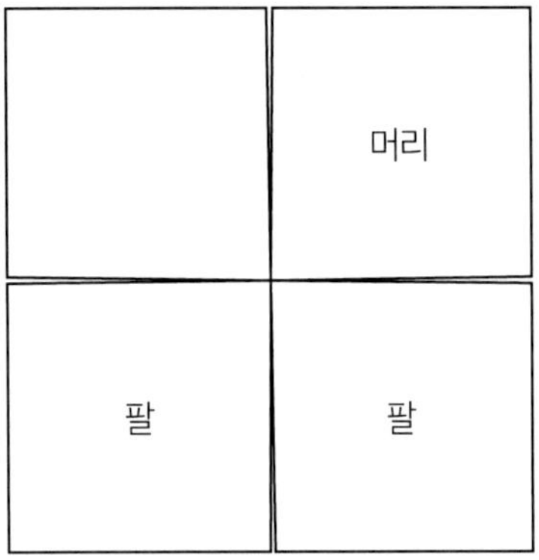

1/4 크기로 잘라주세요.

머리	
팔	팔

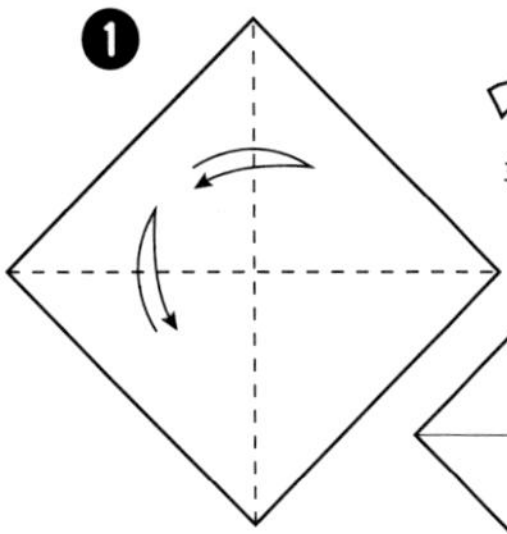

❶ 접었다 펴주세요.

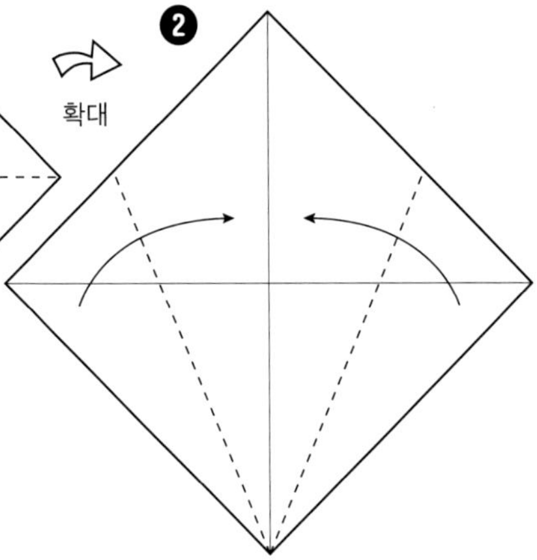

❷ 확대 중심축에 맞추어 접어주세요.

❸ 아래로 당겨 내려 접어주세요. (물고기 접기 기본형)

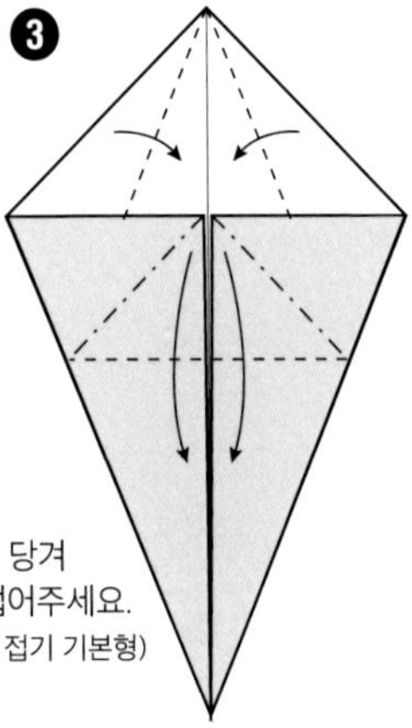

❹ 뒤로 접어 올려주세요.

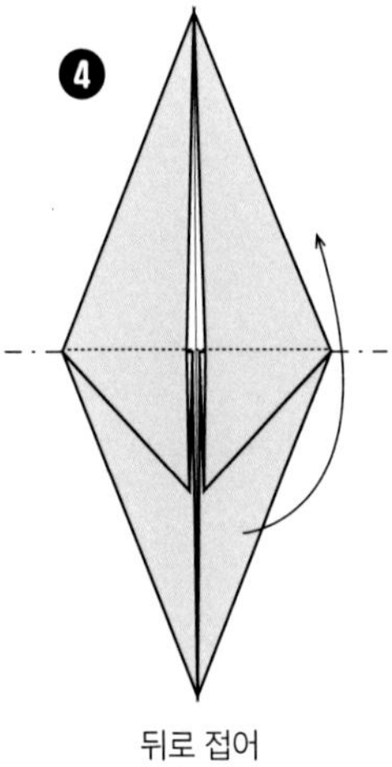

❺ 중심축에 맞추어 접어주세요.

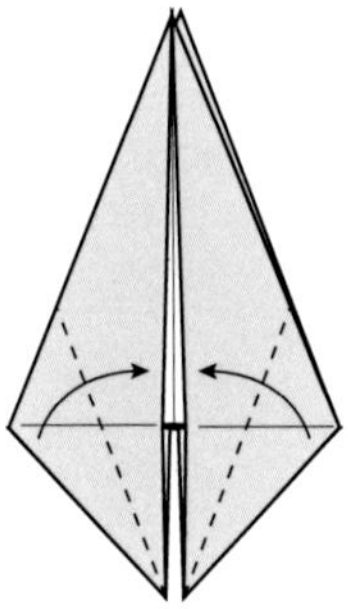

❻ 앞장만 앞으로 내려 접어주세요.

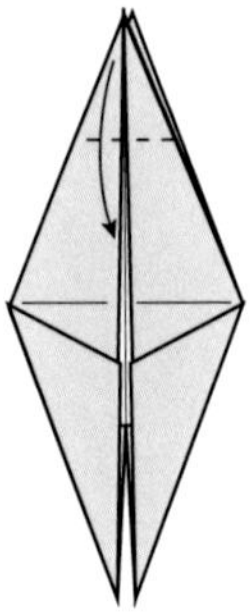

❼ 앞으로 모아 접어 눕혀주세요.

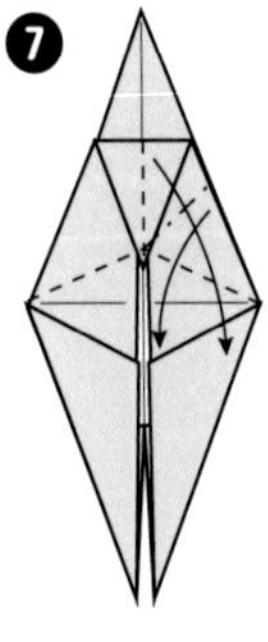

❽ 뒤로 넘겨 접어주세요.

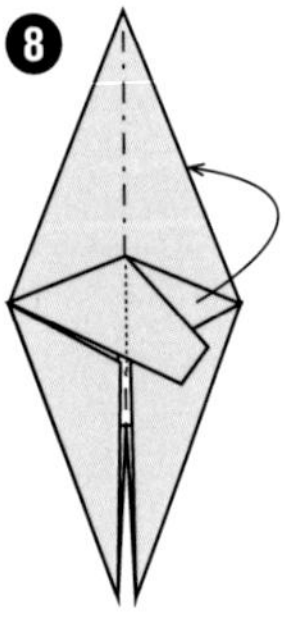

❾ 완성

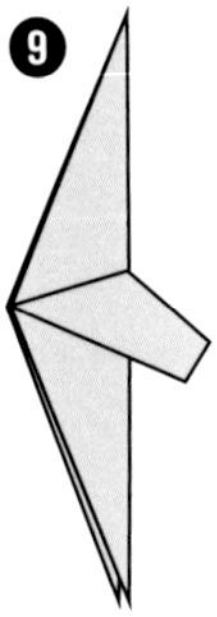

❿ 2개를 접어 준비하세요.

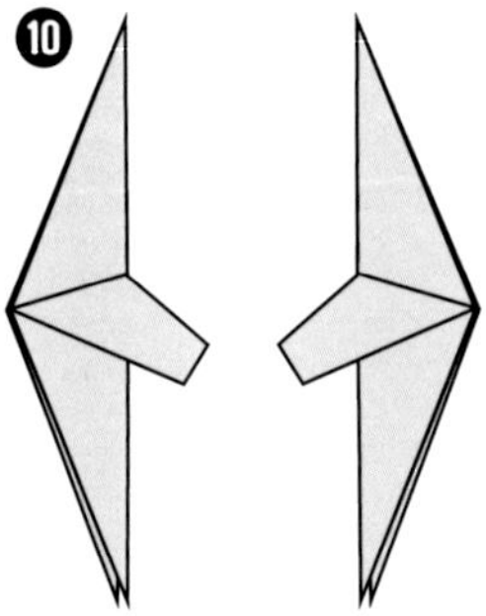

✕ 팔 B형

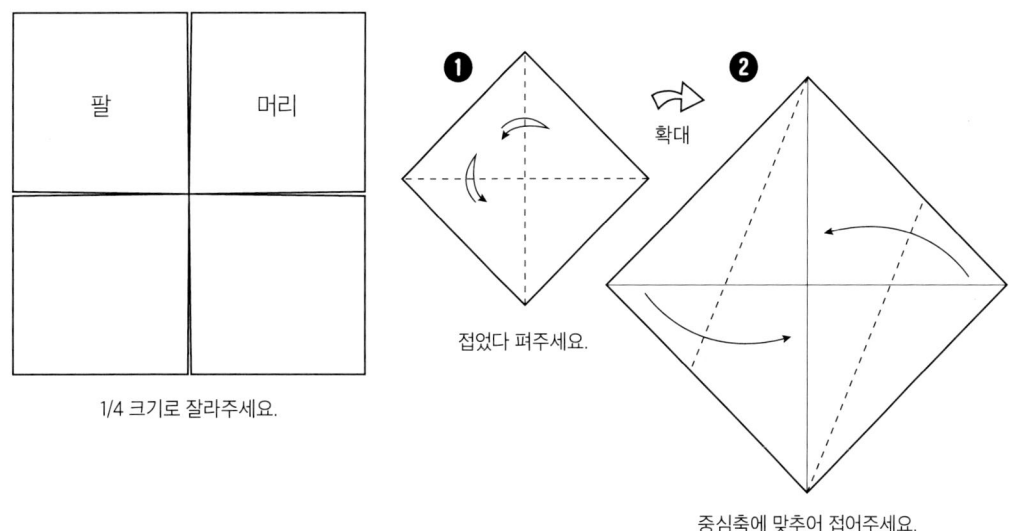

1/4 크기로 잘라주세요.

❶ 접었다 펴주세요.

확대

❷ 중심축에 맞추어 접어주세요.

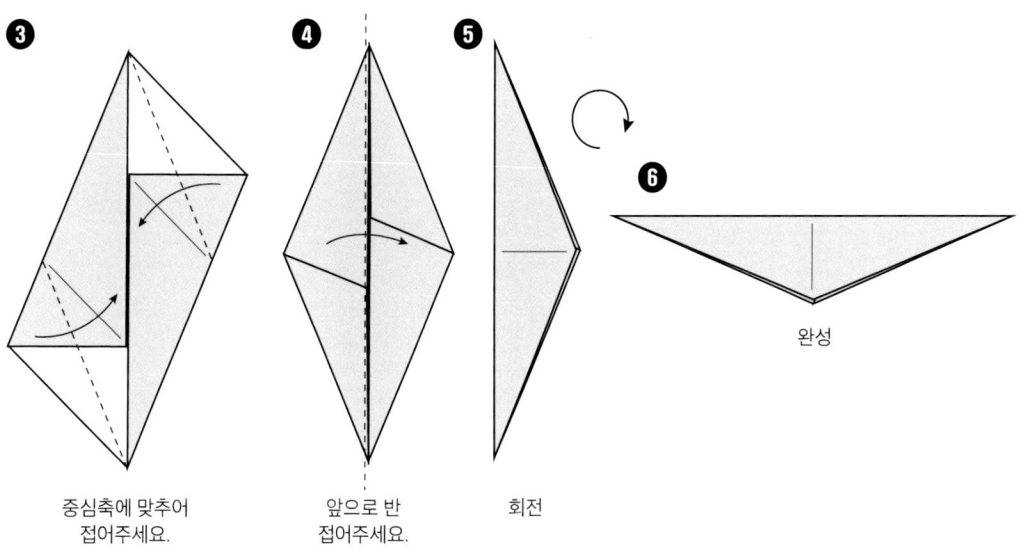

❸ 중심축에 맞추어 접어주세요.

❹ 앞으로 반 접어주세요.

❺ 회전

❻ 완성

✕ 팔 C형

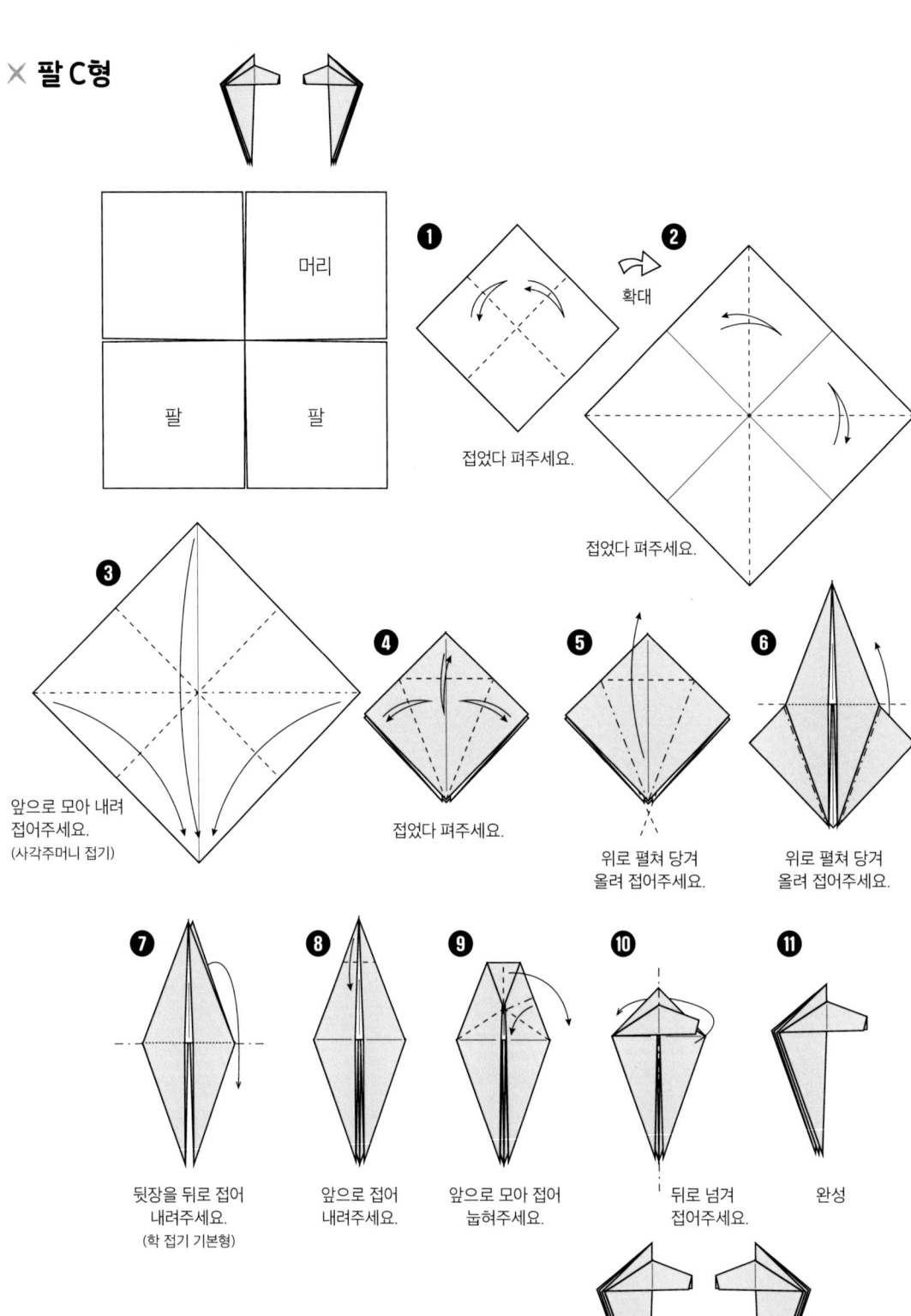

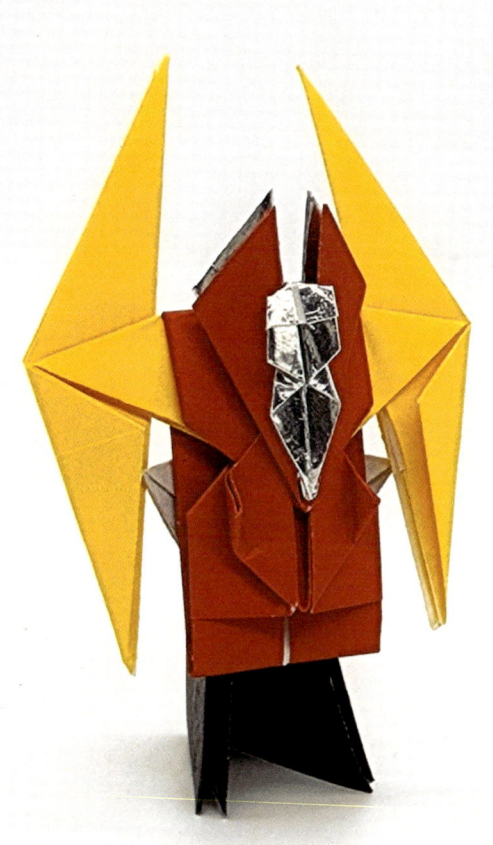

2. 미니카 오딘

✕ 미니카 오딘(Odin)

고대 북유럽 신화의 최고의 신
바람, 전쟁, 마법, 영감 등을 주관한다.

전투력 900
방어력 750
스피드 500
회복력 650
마법력 800

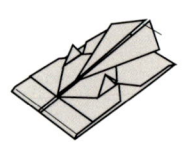

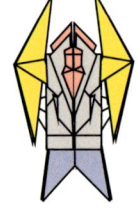

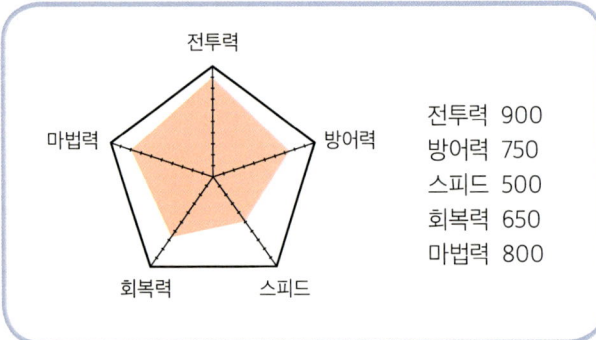

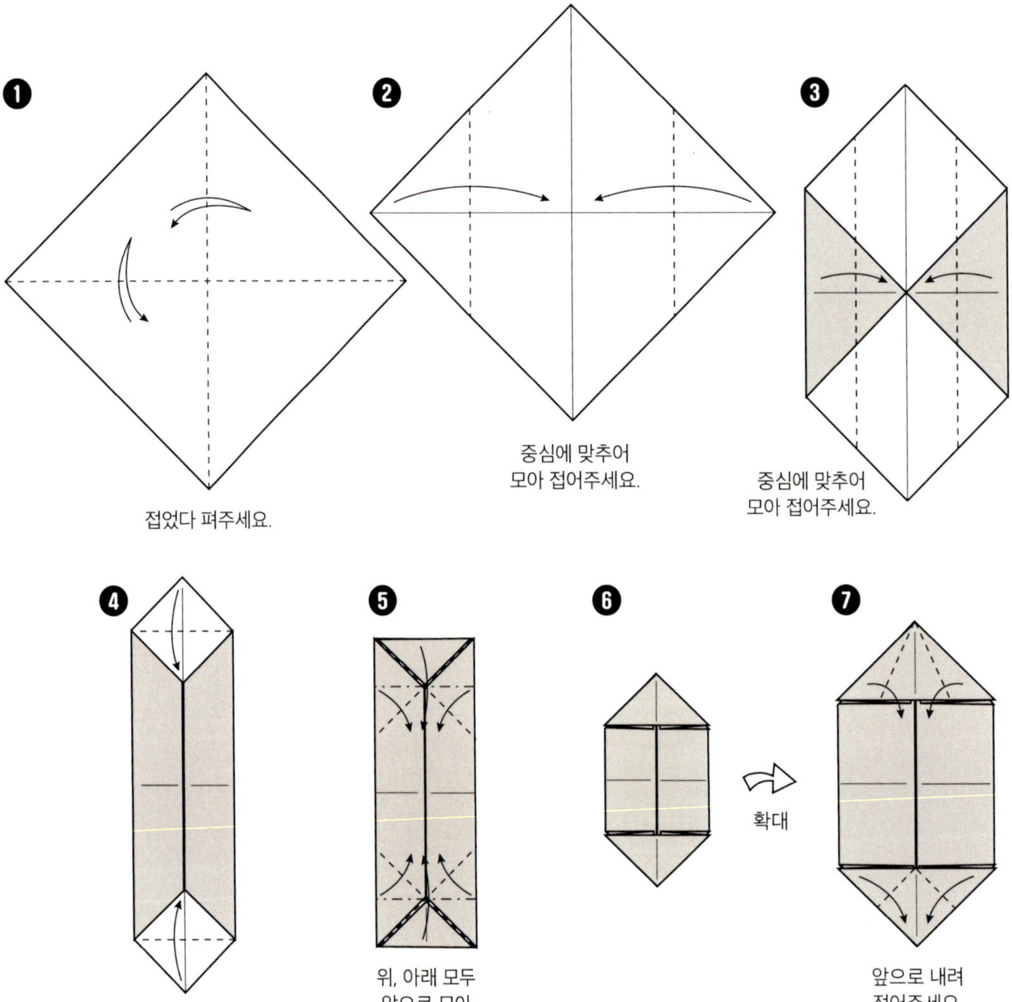

❶ 접었다 펴주세요.

❷ 중심에 맞추어 모아 접어주세요.

❸ 중심에 맞추어 모아 접어주세요.

❹ 위, 아래 모두 앞으로 접어주세요.

❺ 위, 아래 모두 앞으로 모아 접어주세요. (삼각주머니 접기)

❻ 확대

❼ 앞으로 내려 접어주세요.

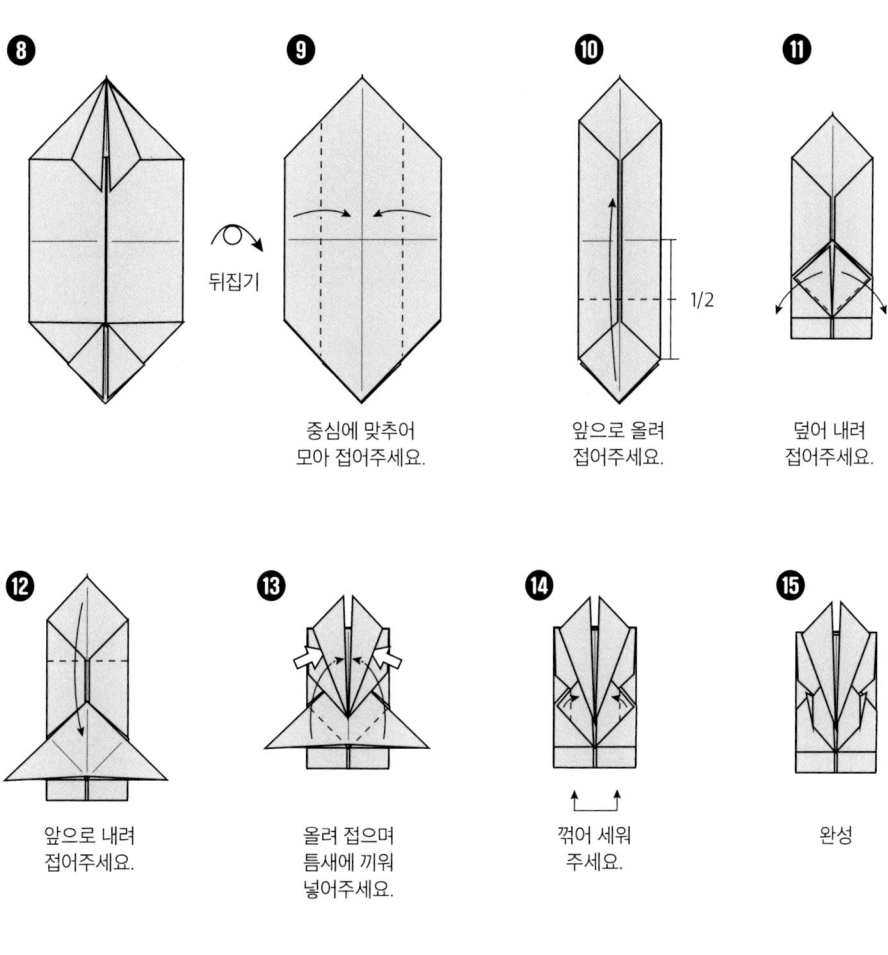

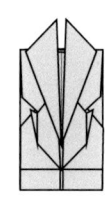
앞모습

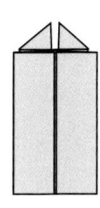
뒷모습

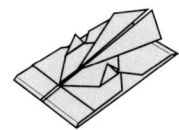

✕ 미니카 오딘(Odin) 로봇 A형

앞

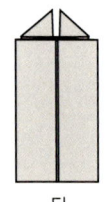
뒤

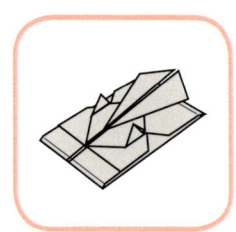

필요한 부분

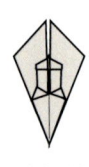
머리 A형

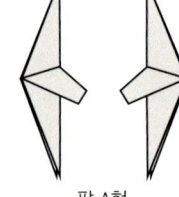
팔 A형

하체 A형

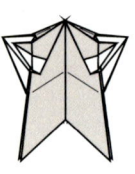
옆모습　앞모습

조립

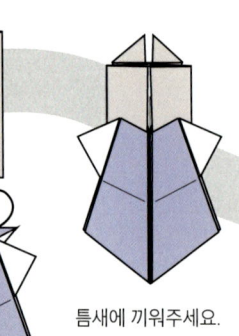
틈새에 끼워주세요.

뒤집기

틈새에 끼워주세요.

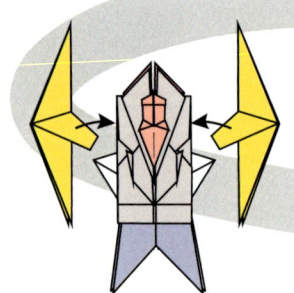
양팔을 끼워주세요.

미니카 오딘 로봇 A형
완성

✕ 미니카 오딘(Odin) 로봇 B형

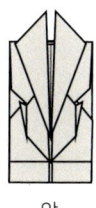
앞

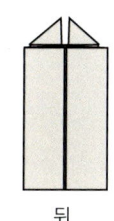
뒤

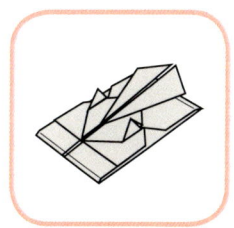

필요한 부분

머리 A형

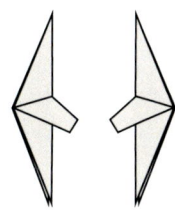
팔 A형

하체 C형
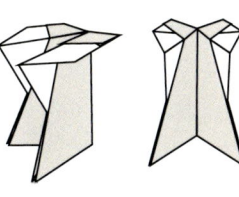
옆모습 앞모습

조립

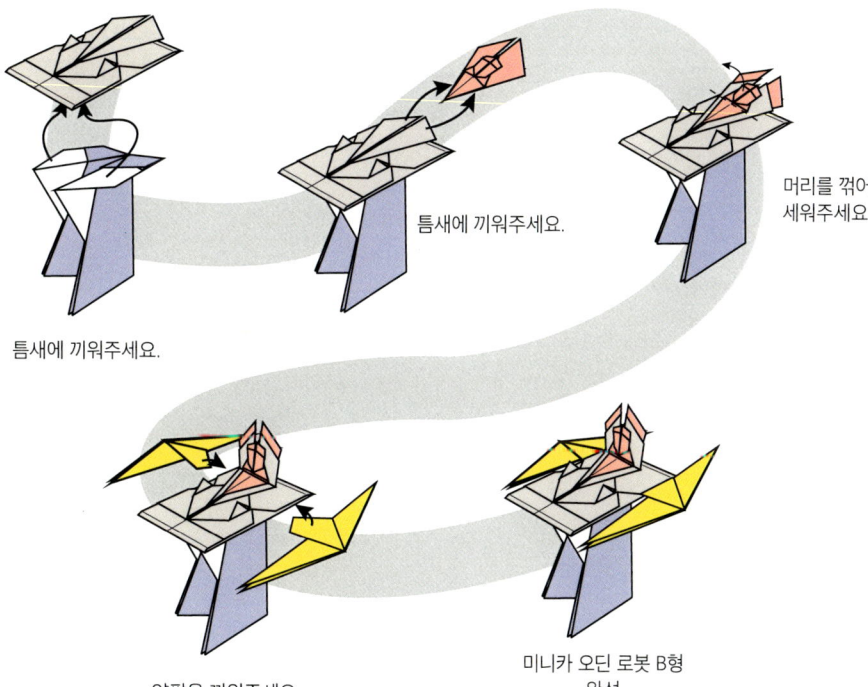

틈새에 끼워주세요.

틈새에 끼워주세요.

머리를 꺾어
세워주세요.

양팔을 끼워주세요.

미니카 오딘 로봇 B형
완성

3. 미니카 에이르

✕ 미니카 에이르(Eir)

평화, 관용 또는
도움, 자비의 여신

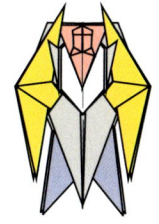
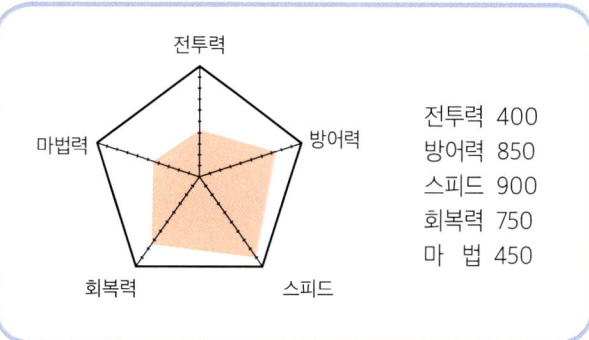

전투력 400
방어력 850
스피드 900
회복력 750
마 법 450

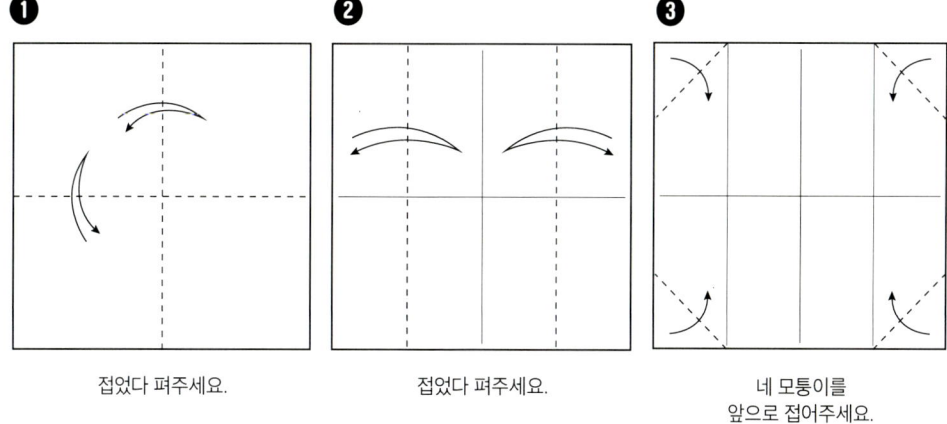

❶ 접었다 펴주세요.

❷ 접었다 펴주세요.

❸ 네 모퉁이를 앞으로 접어주세요.

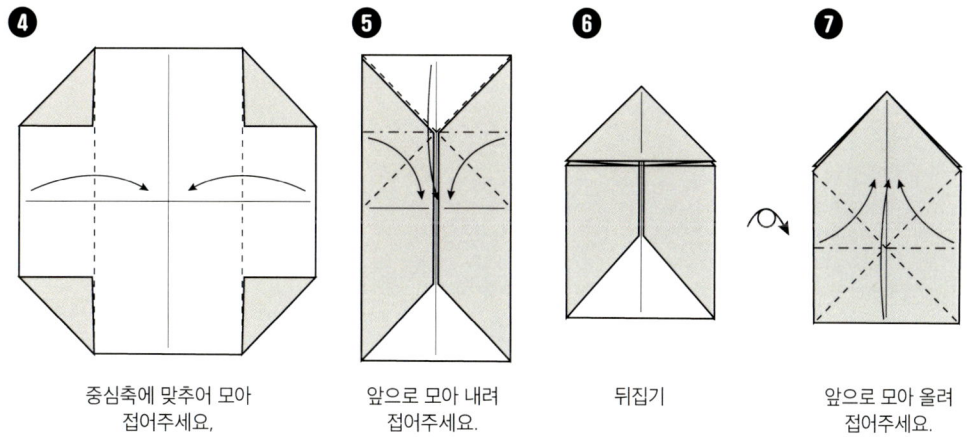

❹ 중심축에 맞추어 모아 접어주세요.

❺ 앞으로 모아 내려 접어주세요.

❻ 뒤집기

❼ 앞으로 모아 올려 접어주세요.

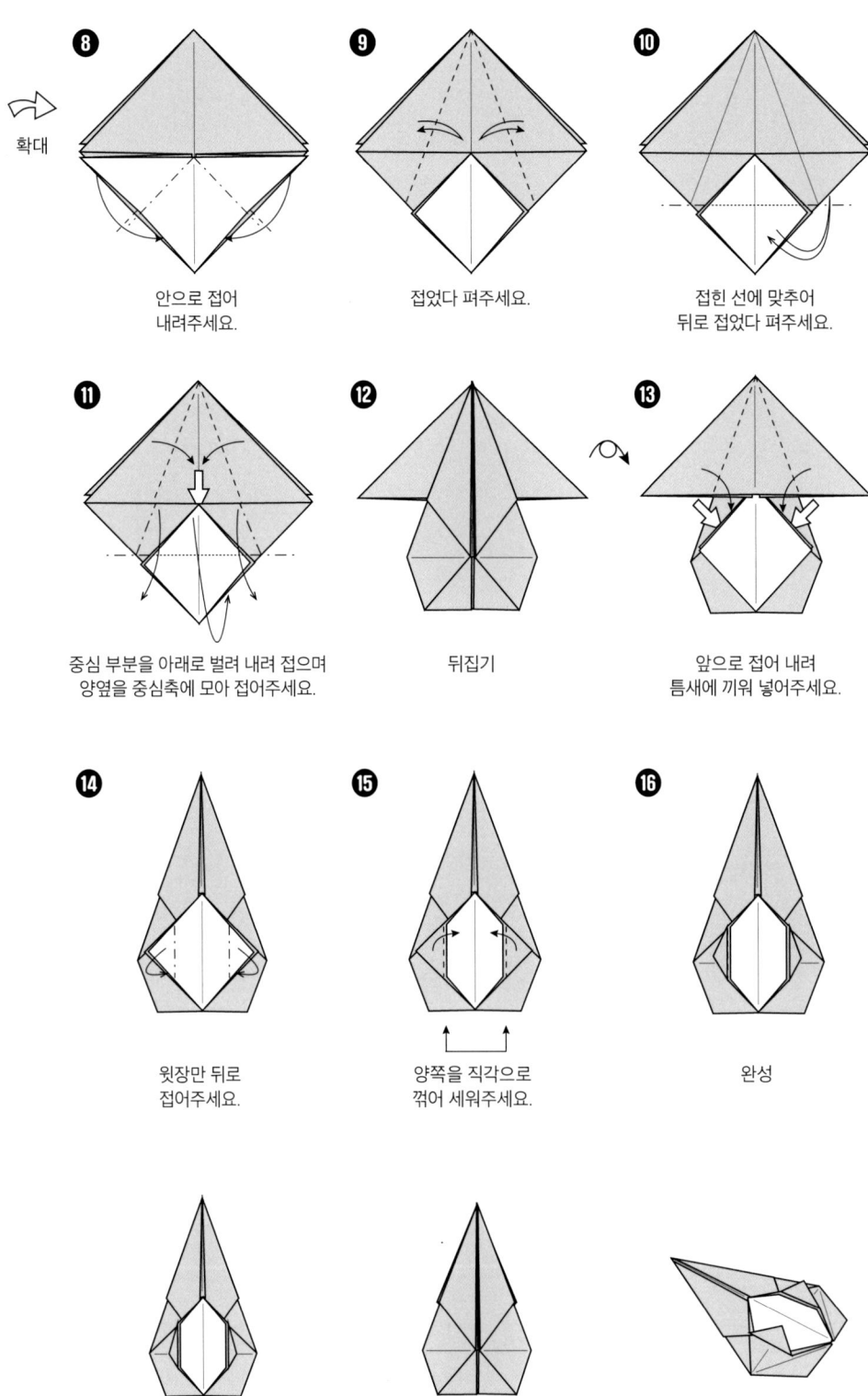

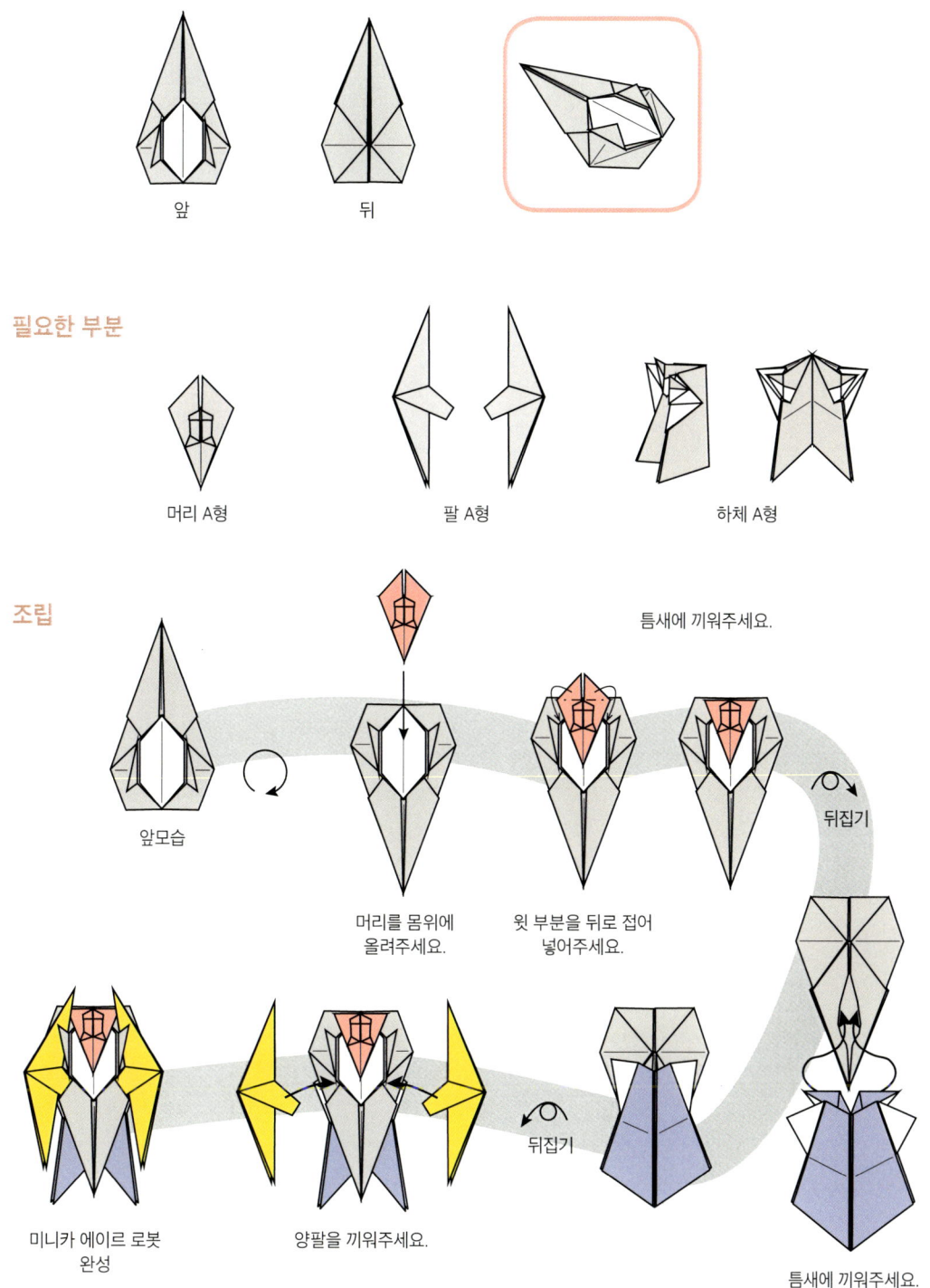

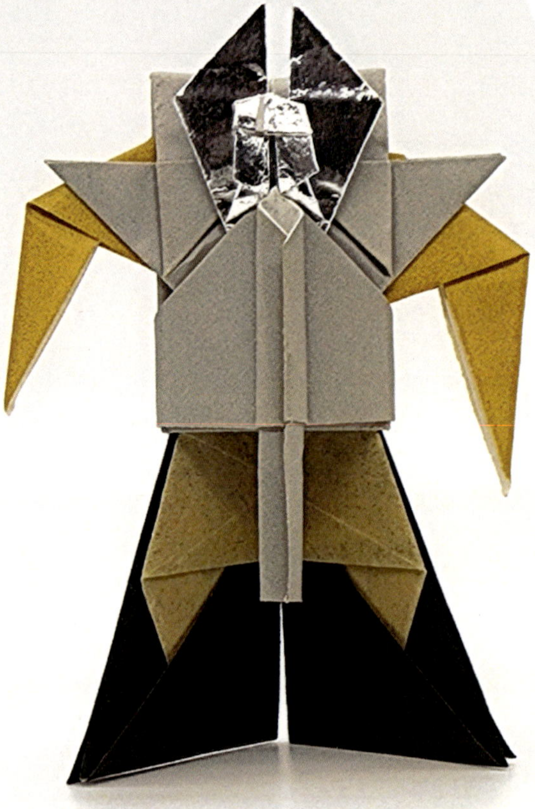

4. 미니카 토르

✕ 미니카 토르(Thor)

망치를 든 남신
천둥, 번개, 폭풍의 신

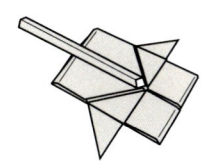
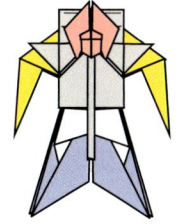
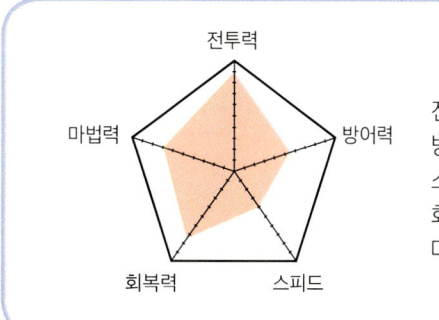

전투력	900
방어력	650
스피드	400
회복력	750
마법력	700

❶ 접었다 펴주세요.

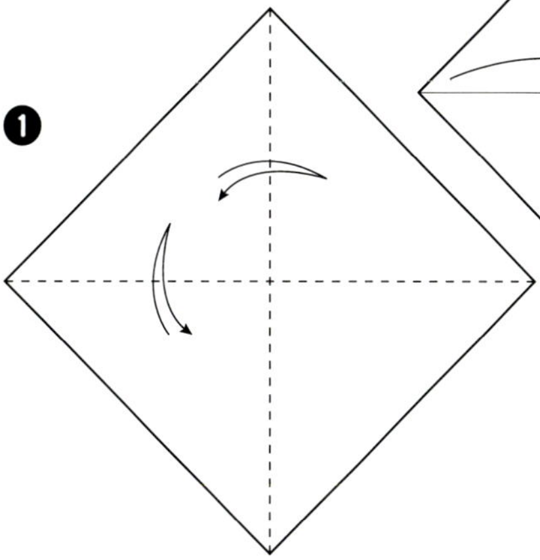

❷ 중심에 모아 접어주세요.

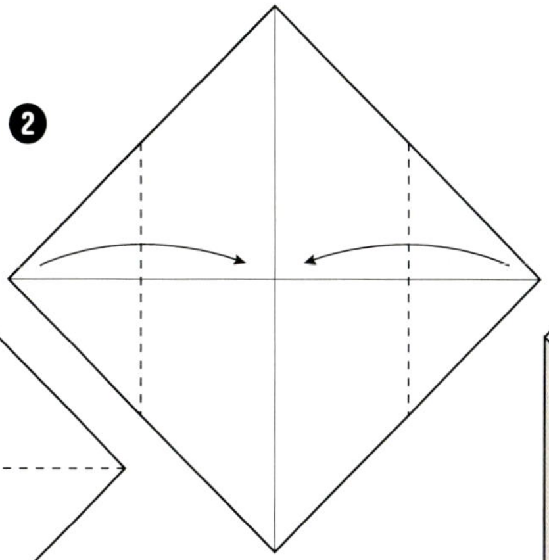

❸ 중심에 모아 접어주세요.

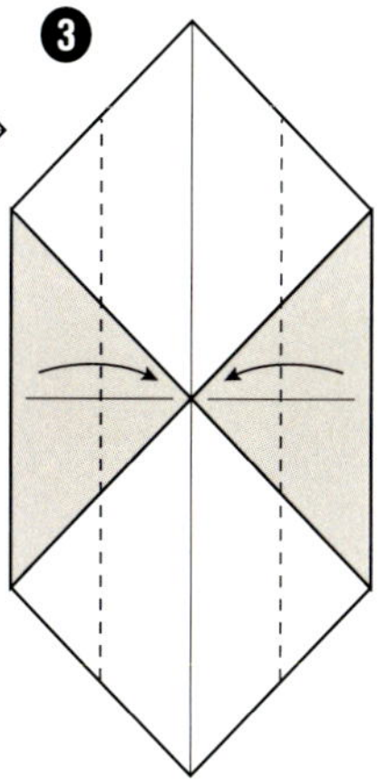

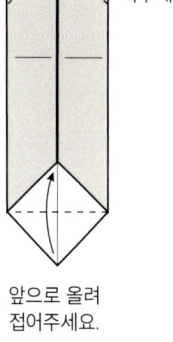

❹ 접었다 펴주세요.
앞으로 올려 접어주세요.

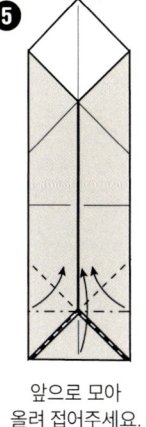
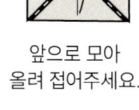

❺ 앞으로 모아 올려 접어주세요.

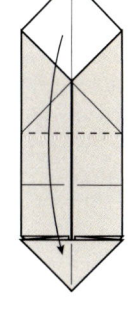

❻ 앞으로 반 내려 접어주세요.

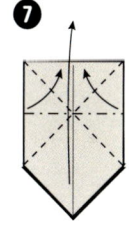

❼ 앞으로 모아 올려 접어주세요.

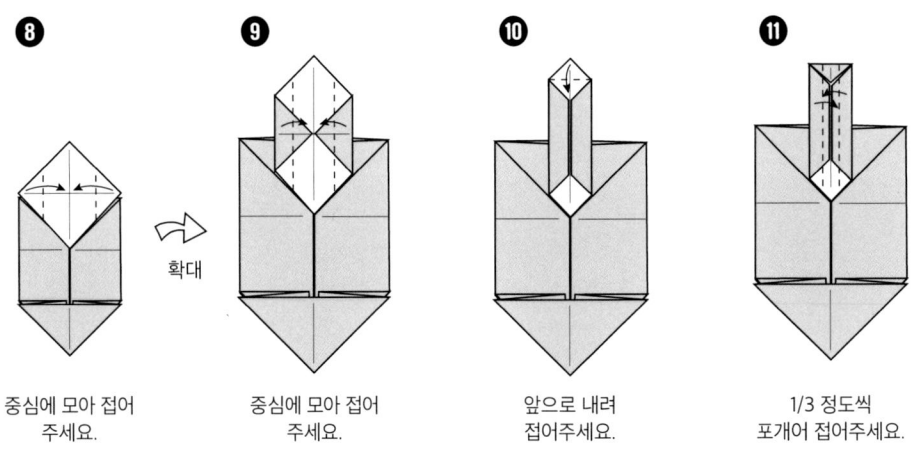
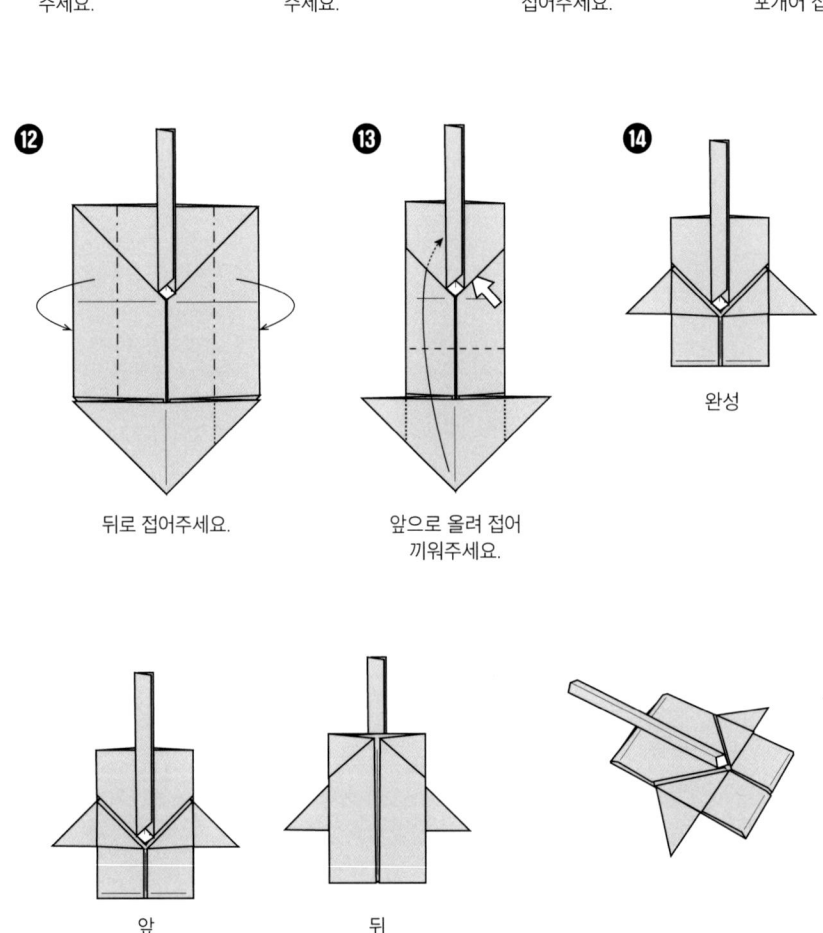

✕ 미니카 토르 로봇 A형

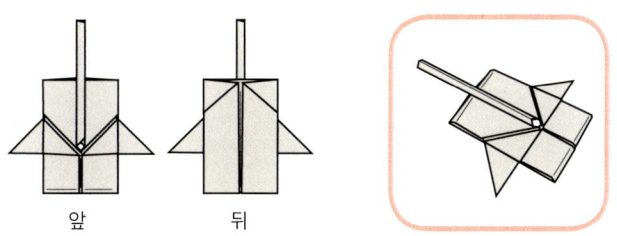

앞　　　뒤

필요한 부분

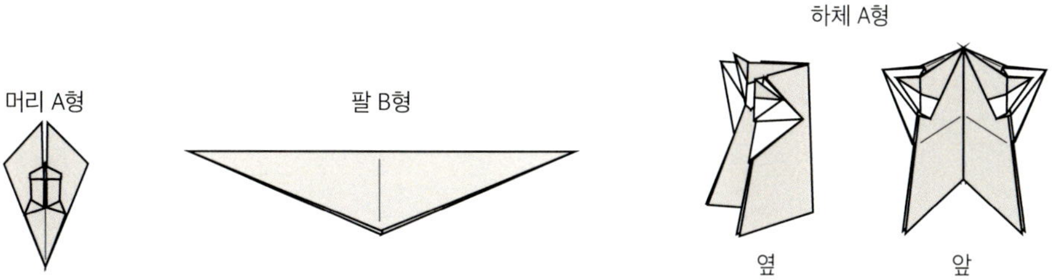

머리 A형　　　팔 B형　　　하체 A형

옆　　앞

조립

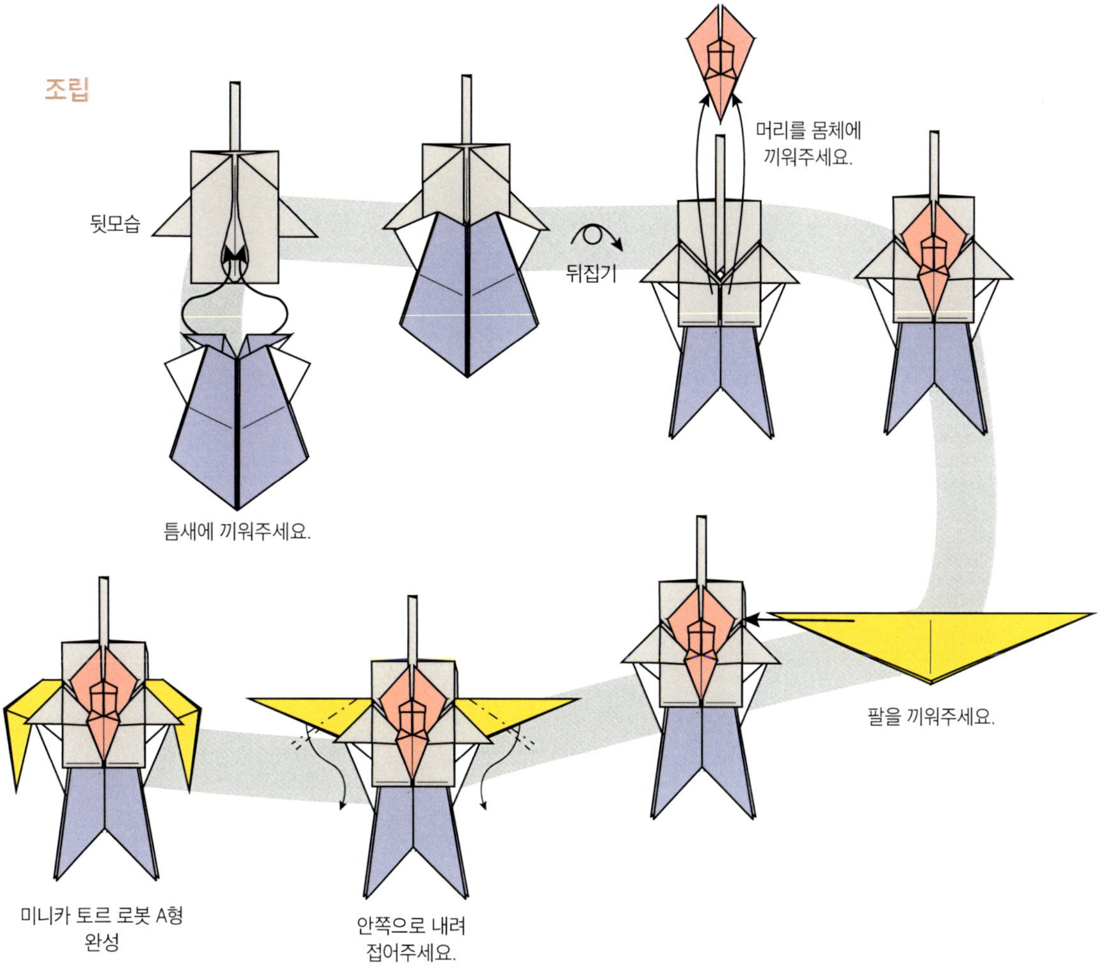

뒷모습

틈새에 끼워주세요.

뒤집기

머리를 몸체에 끼워주세요.

팔을 끼워주세요.

미니카 토르 로봇 A형 완성

안쪽으로 내려 접어주세요.

× 미니카 토르 로봇 B형

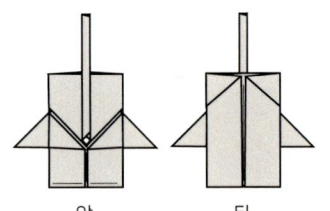
앞　　　뒤

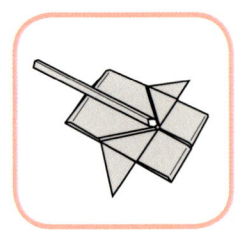

필요한 부분

머리 A형　　　팔 B형　　　하체 B형

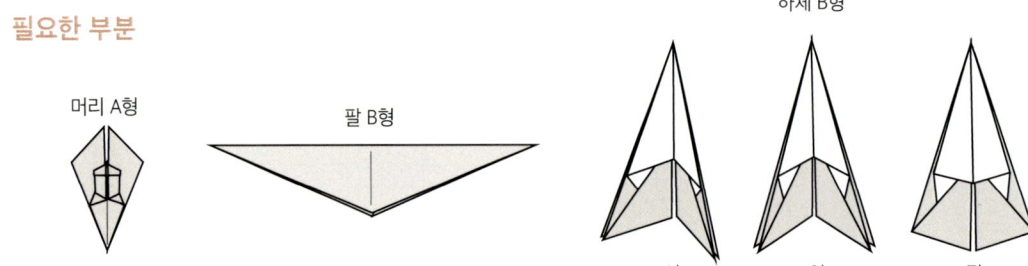
옆　　　앞　　　뒤

조립

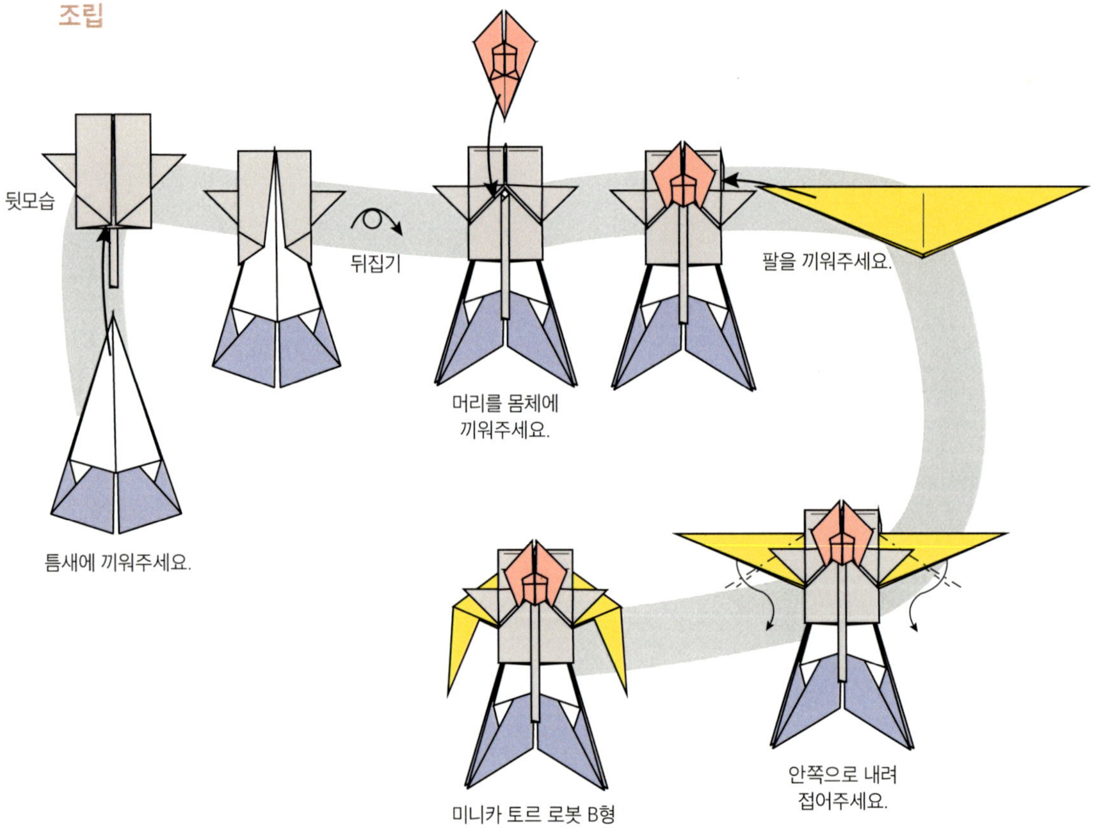

뒷모습　　　뒤집기　　　머리를 몸체에 끼워주세요.　　　팔을 끼워주세요.

틈새에 끼워주세요.

미니카 토르 로봇 B형 완성　　　안쪽으로 내려 접어주세요.

36

✕ 미니카 토르 로봇 C형

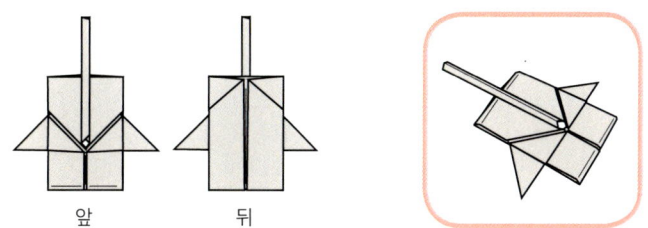

앞   뒤

필요한 부분

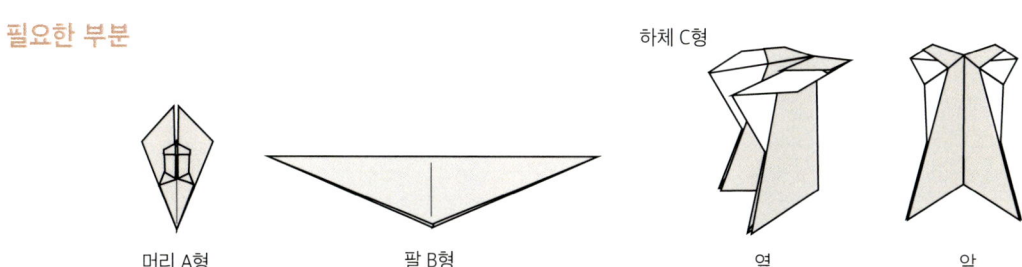

머리 A형   팔 B형   하체 C형   옆   앞

조립

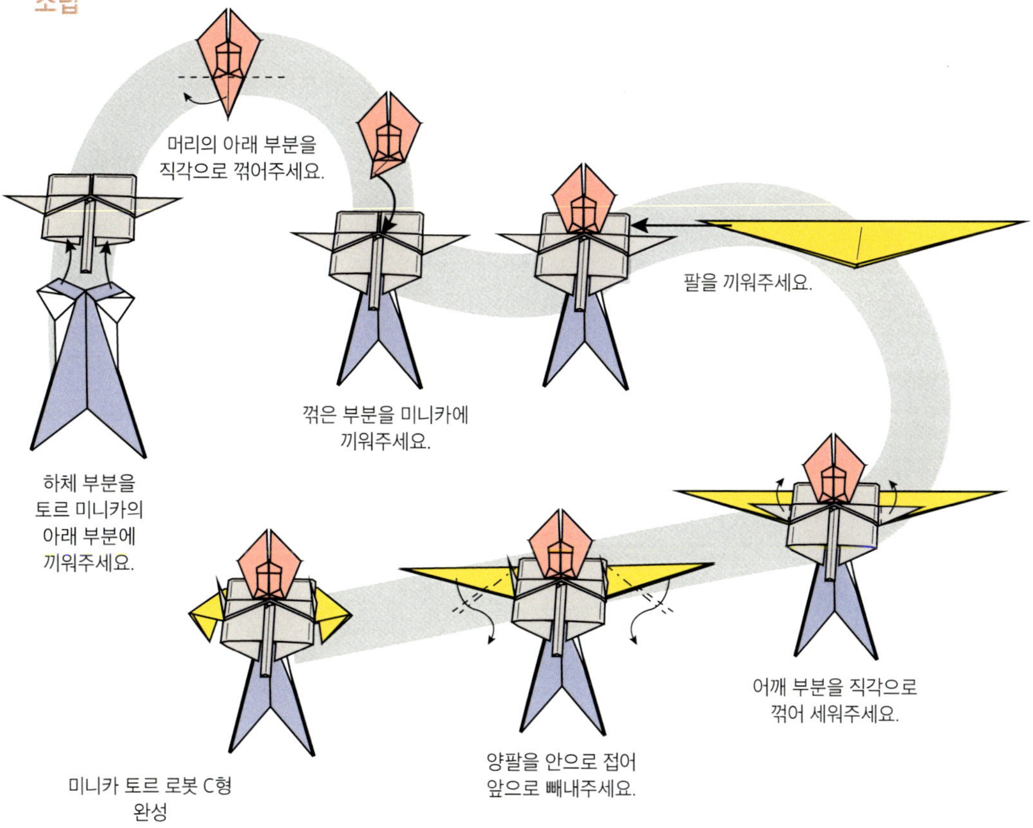

머리의 아래 부분을 직각으로 꺾어주세요.

팔을 끼워주세요.

꺾은 부분을 미니카에 끼워주세요.

하체 부분을 토르 미니카의 아래 부분에 끼워주세요.

어깨 부분을 직각으로 꺾어 세워주세요.

양팔을 안으로 접어 앞으로 빼내주세요.

미니카 토르 로봇 C형 완성

37

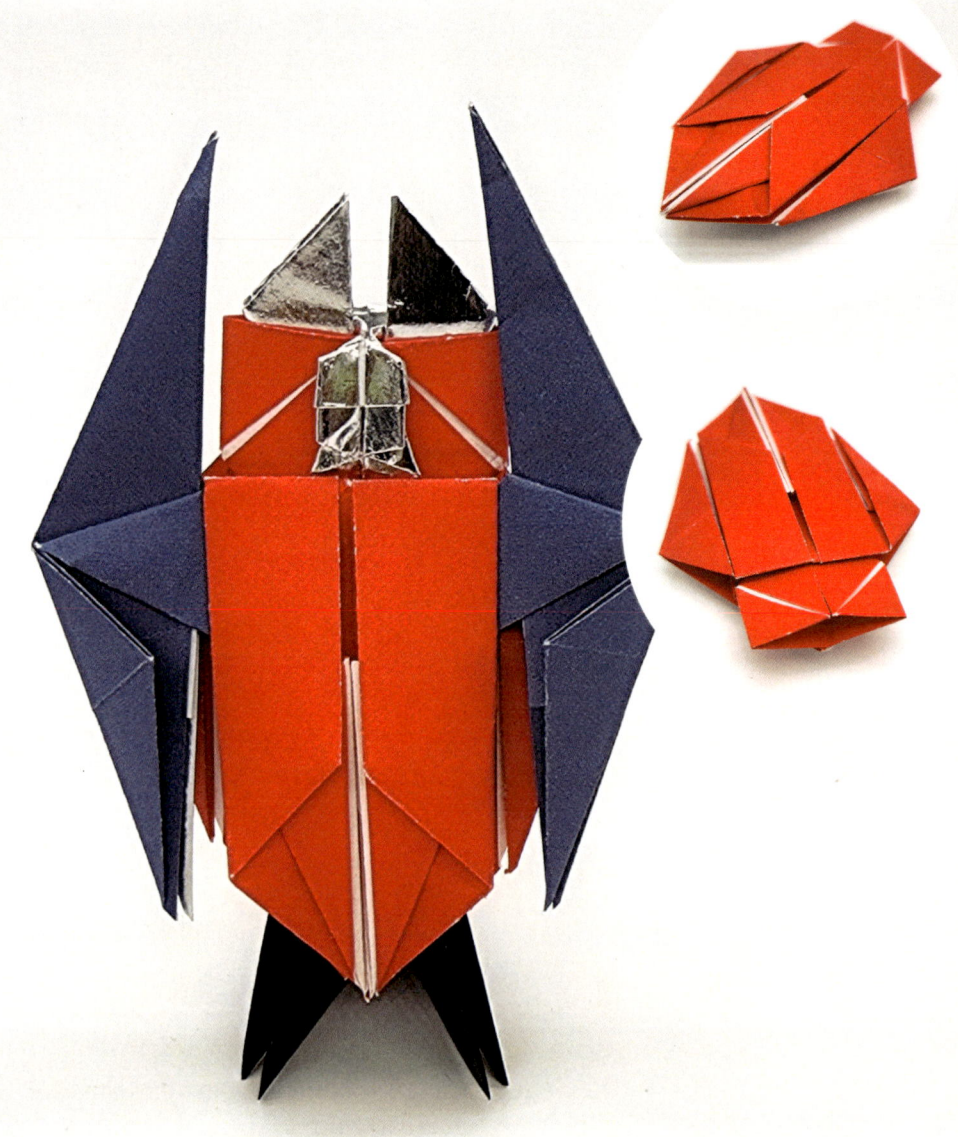

5. 미니카 헤르모드

✗ 미니카 헤르모드 (Heremod)

전쟁의 신
전장의 투혼을 불태우는 신

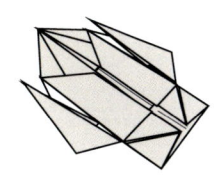

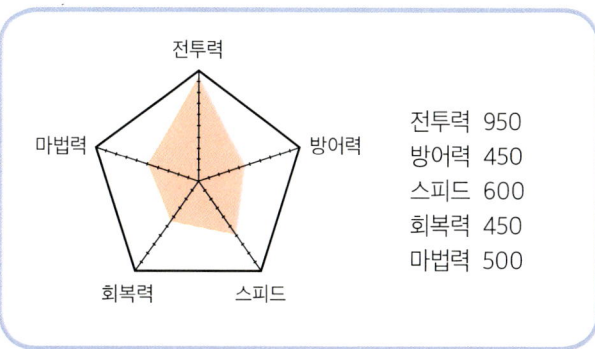

전투력 950
방어력 450
스피드 600
회복력 450
마법력 500

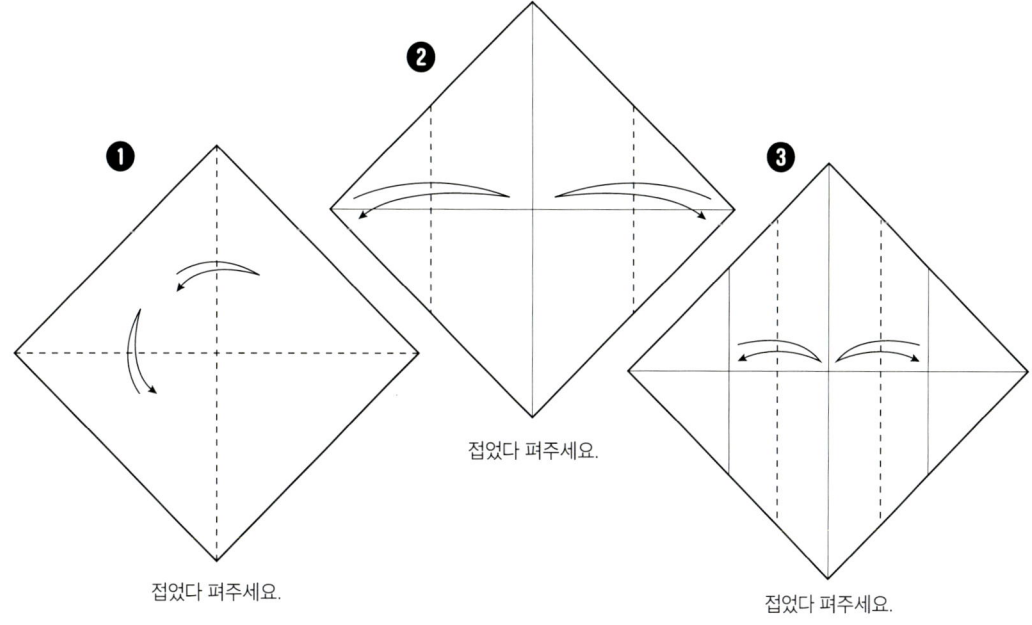

❶ 접었다 펴주세요.

❷ 접었다 펴주세요.

❸ 접었다 펴주세요.

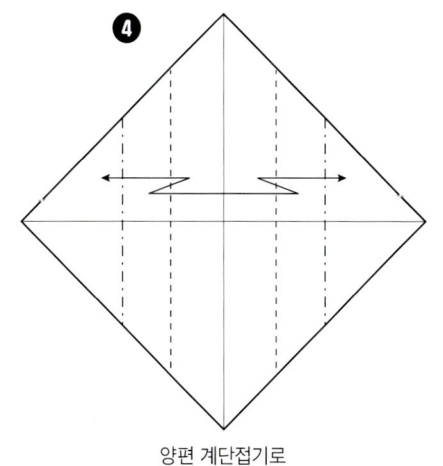

❹ 양편 계단접기로 접어주세요.

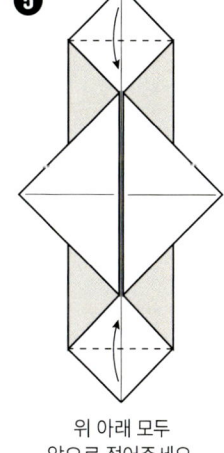

❺ 위 아래 모두 앞으로 접어주세요.

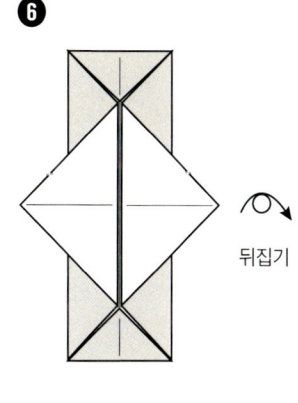

❻ 뒤집기

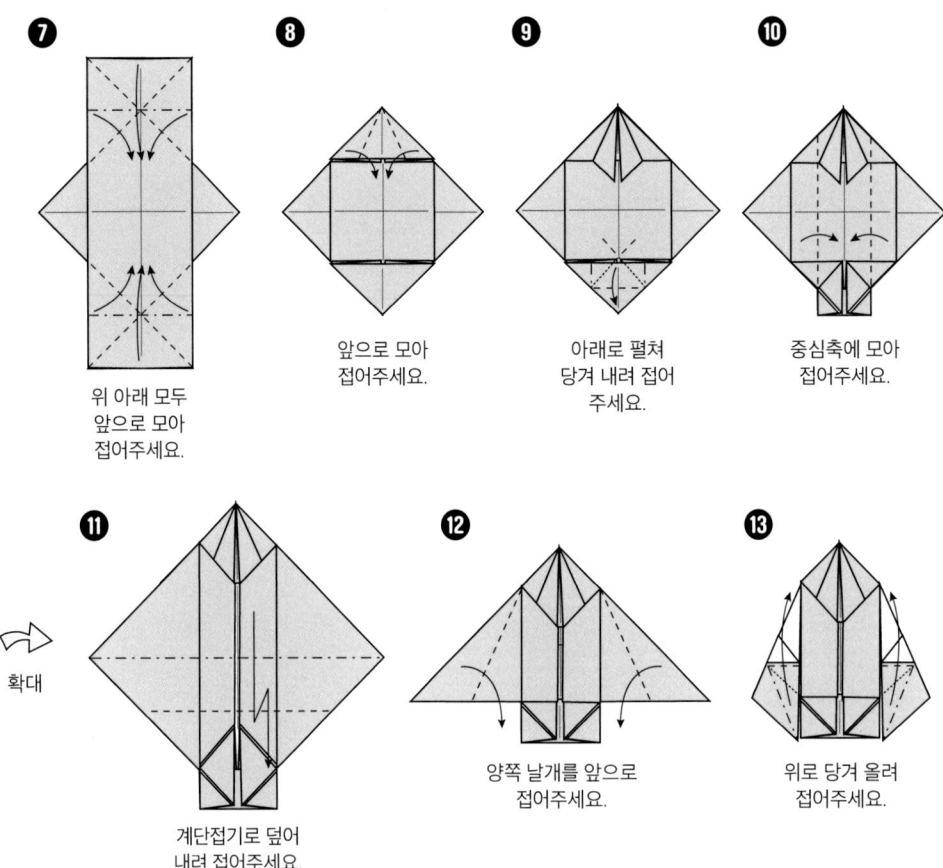

⑦ 위 아래 모두 앞으로 모아 접어주세요.

⑧ 앞으로 모아 접어주세요.

⑨ 아래로 펼쳐 당겨 내려 접어 주세요.

⑩ 중심축에 모아 접어주세요.

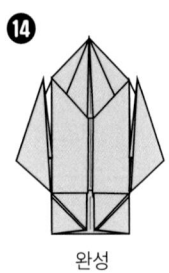

⑪ 확대 / 계단접기로 덮어 내려 접어주세요.

⑫ 양쪽 날개를 앞으로 접어주세요.

⑬ 위로 당겨 올려 접어주세요.

⑭ 완성

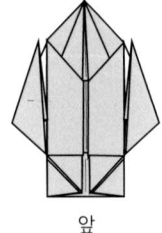
앞

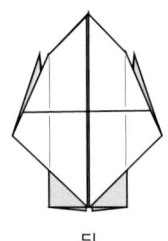
뒤

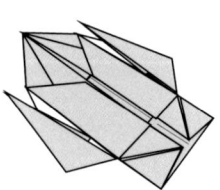

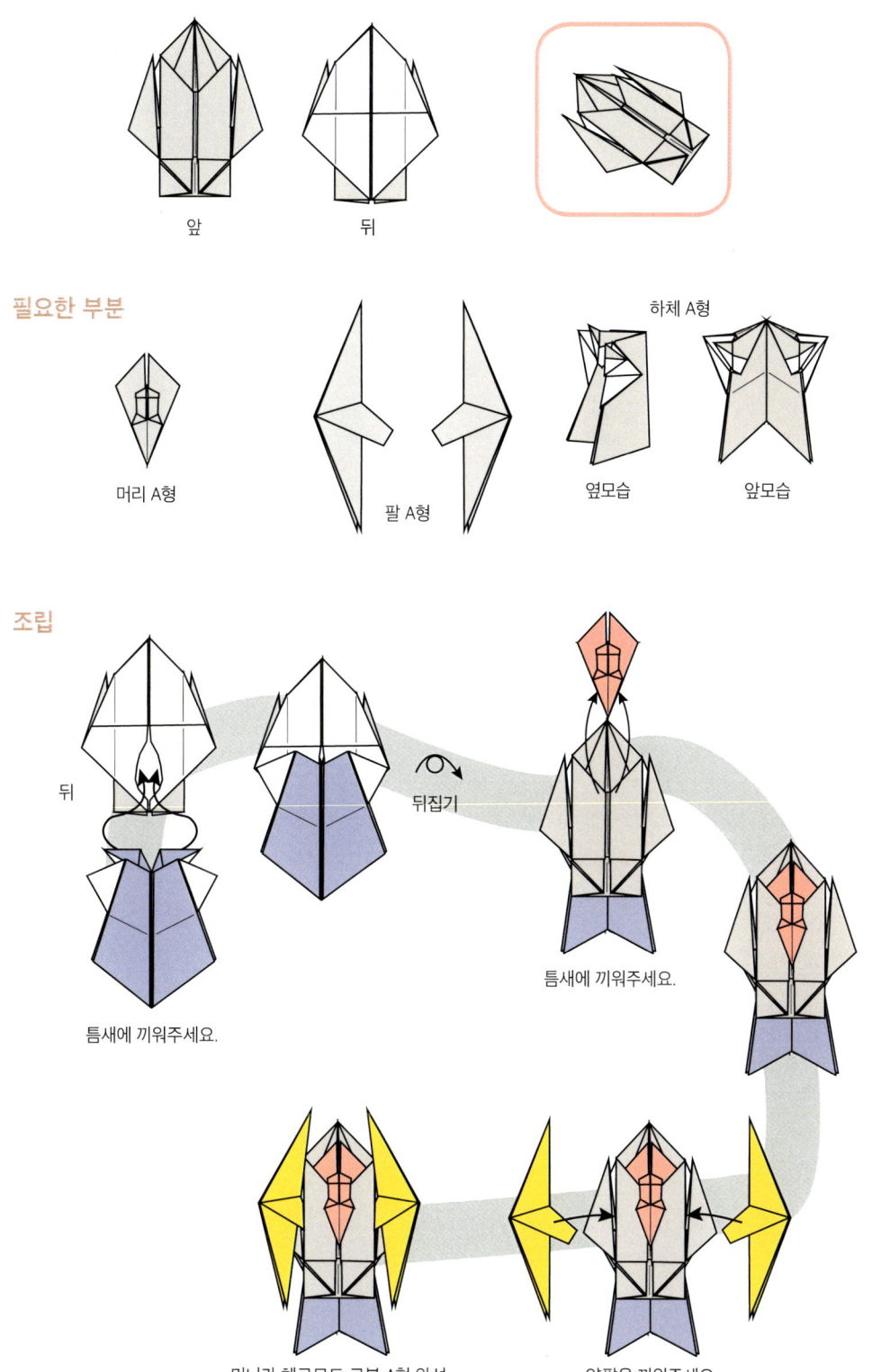

미니카 헤르모드 로봇 B형

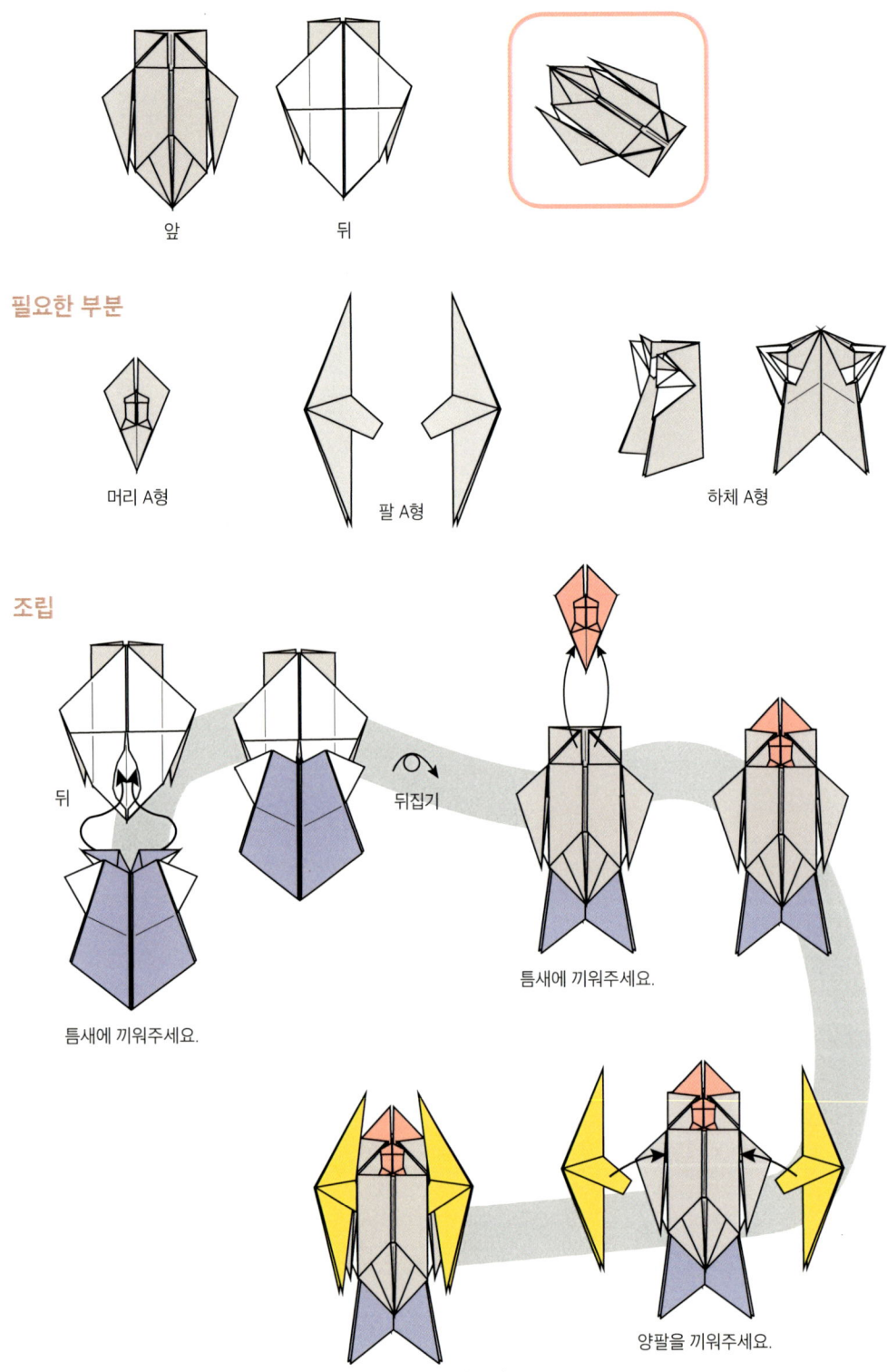

6. 미니카 비다르

✕ 미니카 비다르(Vidar)

광범위한 지배자라는 의미를 가진 신

전투력
방어력
스피드
회복력
마법력

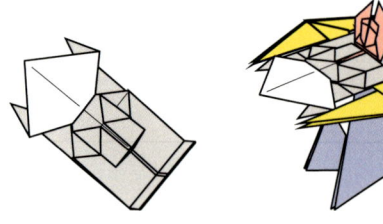

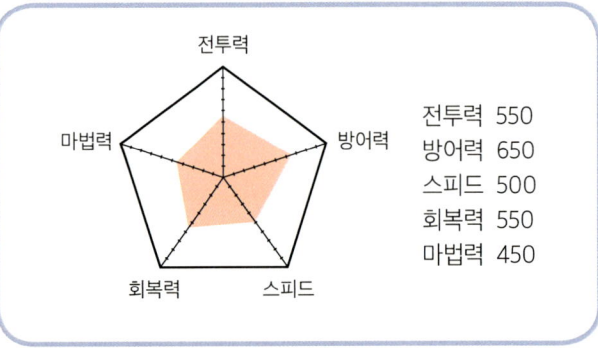

전투력 550
방어력 650
스피드 500
회복력 550
마법력 450

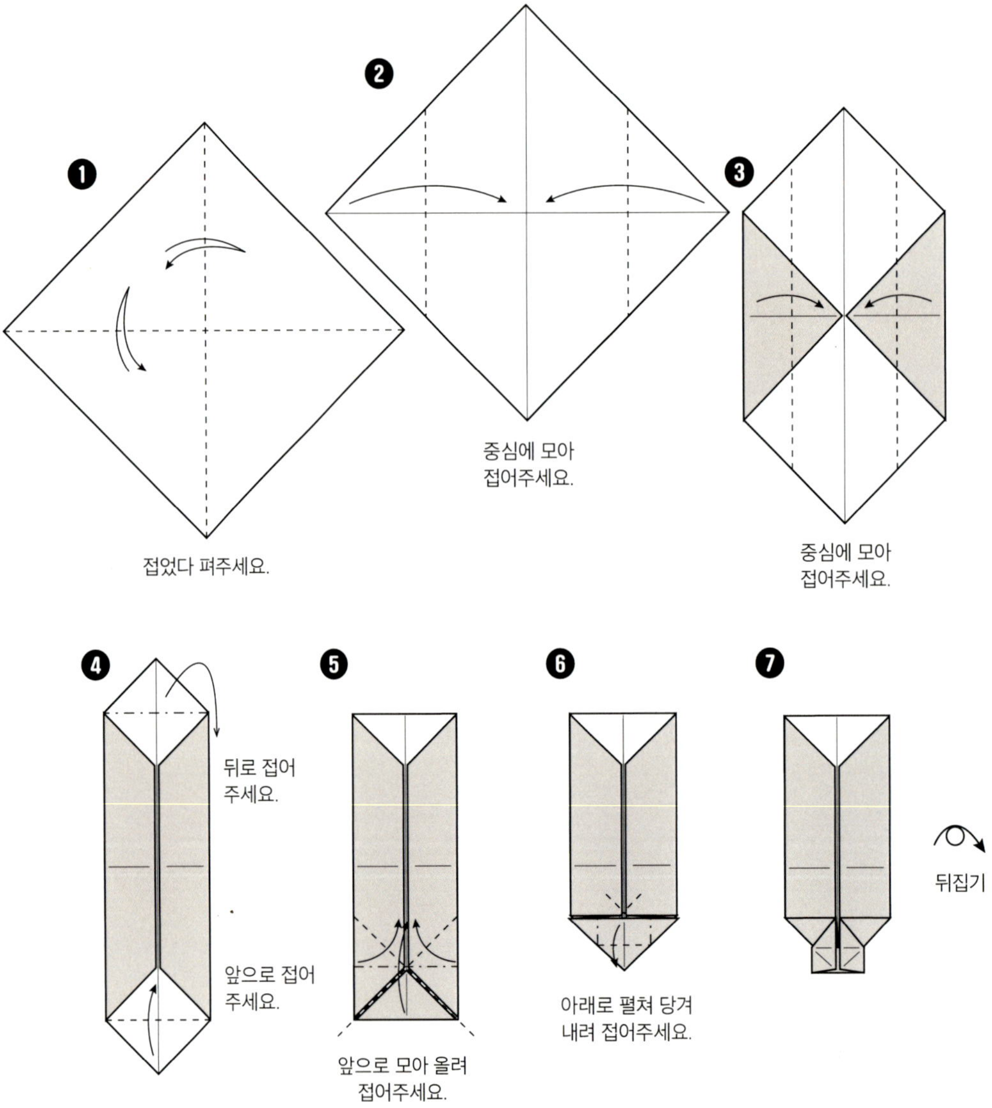

1
접었다 펴주세요.
2
중심에 모아
접어주세요.
3
중심에 모아
접어주세요.
4
뒤로 접어
주세요.
앞으로 접어
주세요.
5
앞으로 모아 올려
접어주세요.
6
아래로 펼쳐 당겨
내려 접어주세요.
7
뒤집기

❽ 앞으로 모아 내려 접어주세요.

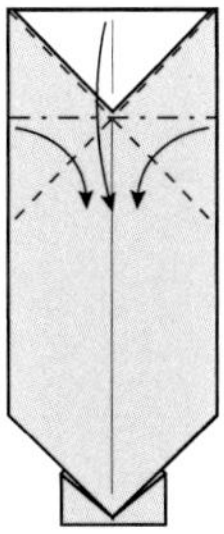

❾ 뒤로 접어주세요.

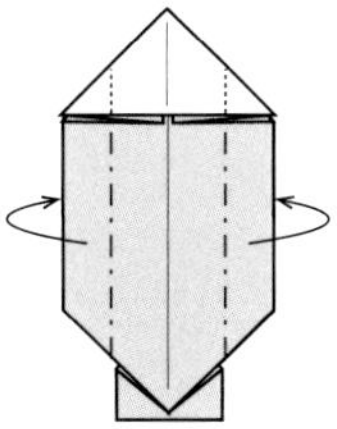

❿ 앞으로 올려 접어주세요.

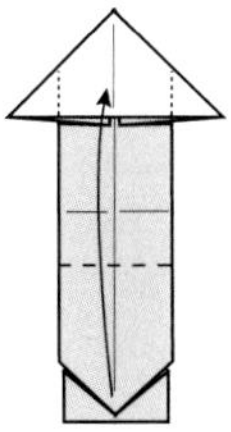

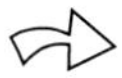

확대

⓫ 앞으로 내려 접어주세요.

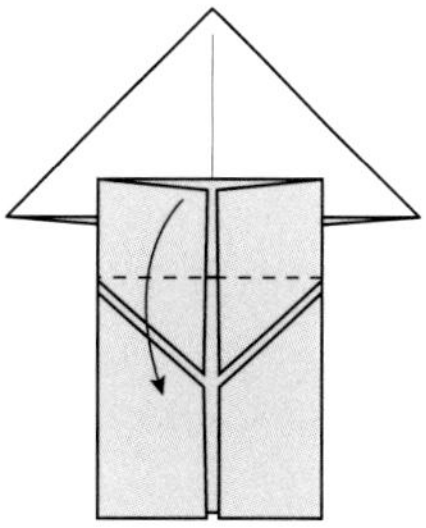

⓬ 위쪽 틈새에 끼워 넣어주세요.

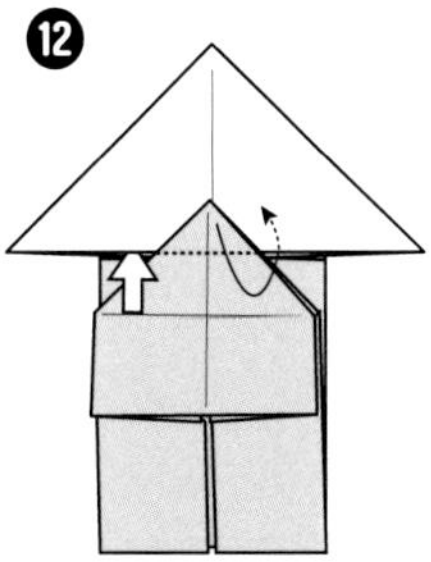

⓭ 중심축에 모아 접어주세요.

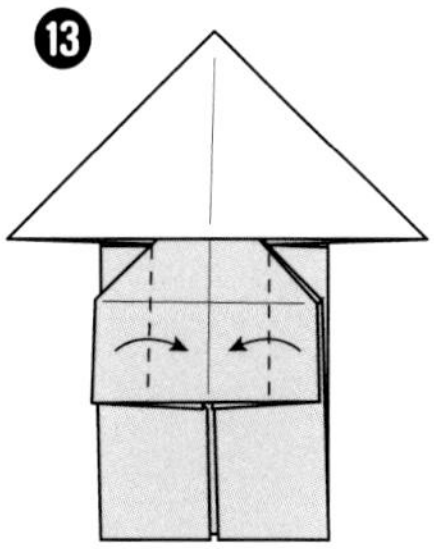

⓮ 뒤로 접어 올려주세요.

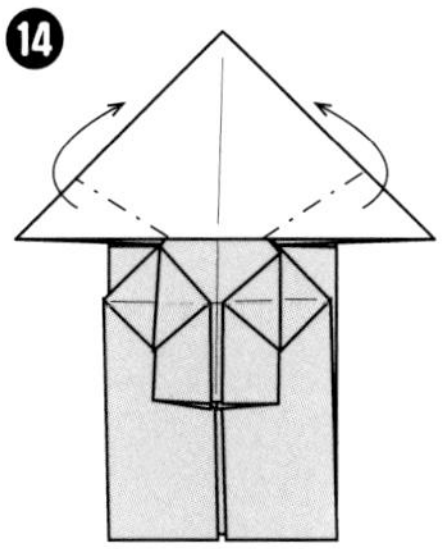

⓯ 직각으로 꺾어 세워주세요.

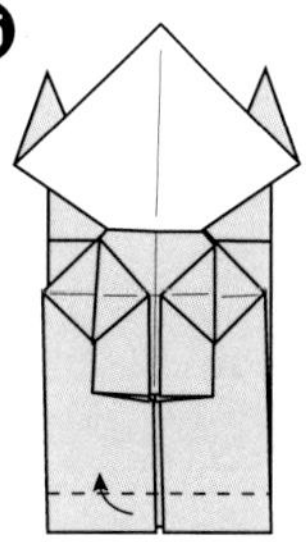

⓰

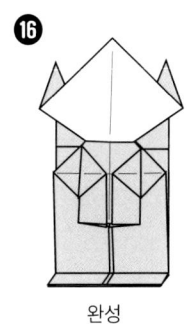

완성

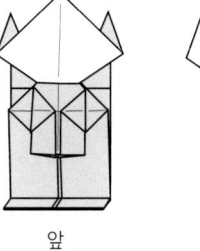
앞

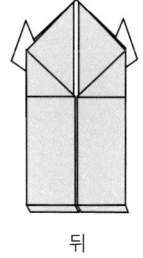
뒤

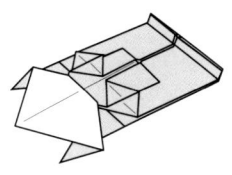

✕ 미니카 비다르(Vidar) 로봇 A형

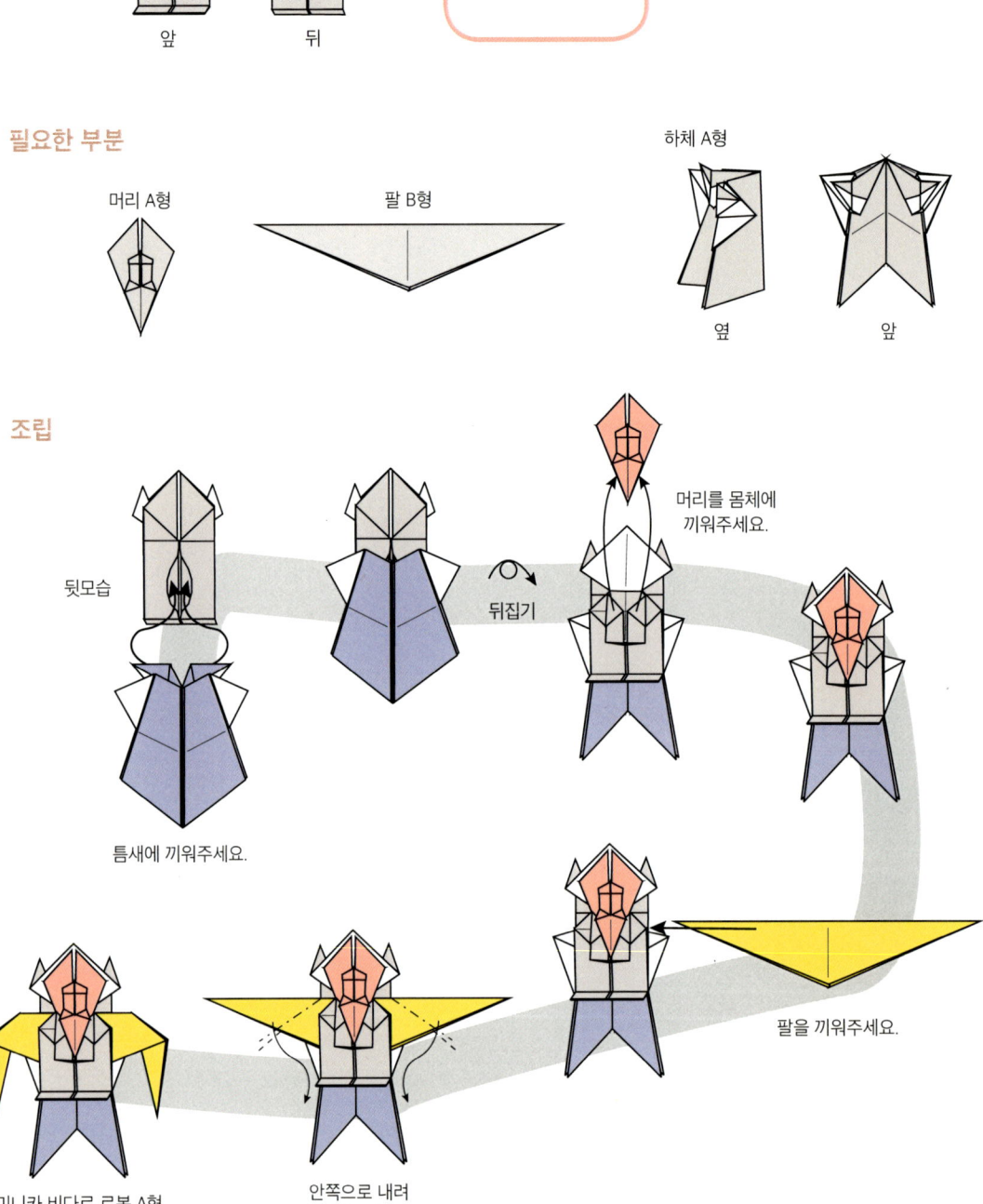

✕ 미니카 비다르(Vidar) 로봇 B형

앞

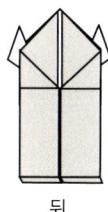
뒤

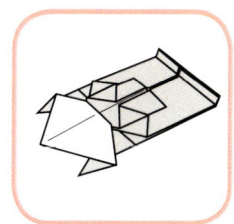

필요한 부분

머리 A형

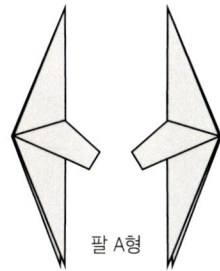
팔 A형

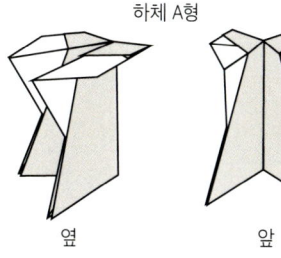
하체 A형
옆   앞

조립

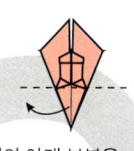
머리의 아래 부분을
직각으로 꺾어주세요.

틈새에 끼워주세요.

틈새에 끼워주세요.

양팔을 끼워주세요.

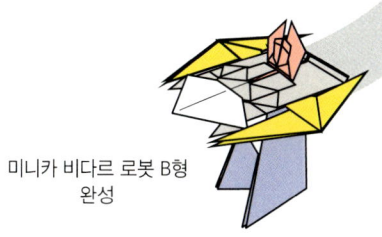
미니카 비다르 로봇 B형
완성

7. 미니젯 수라

✕ 미니젯 수라(Sura)

데바라고도 불리는 남신

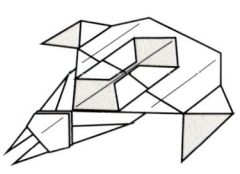 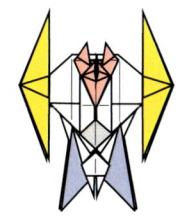 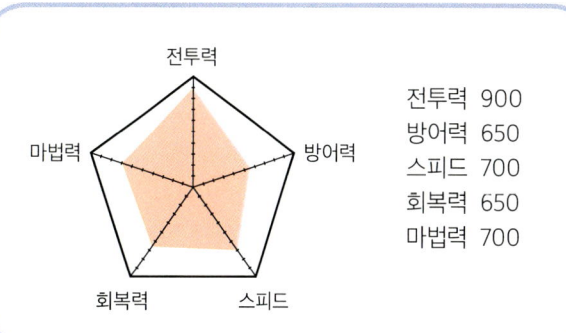

전투력	900
방어력	650
스피드	700
회복력	650
마법력	700

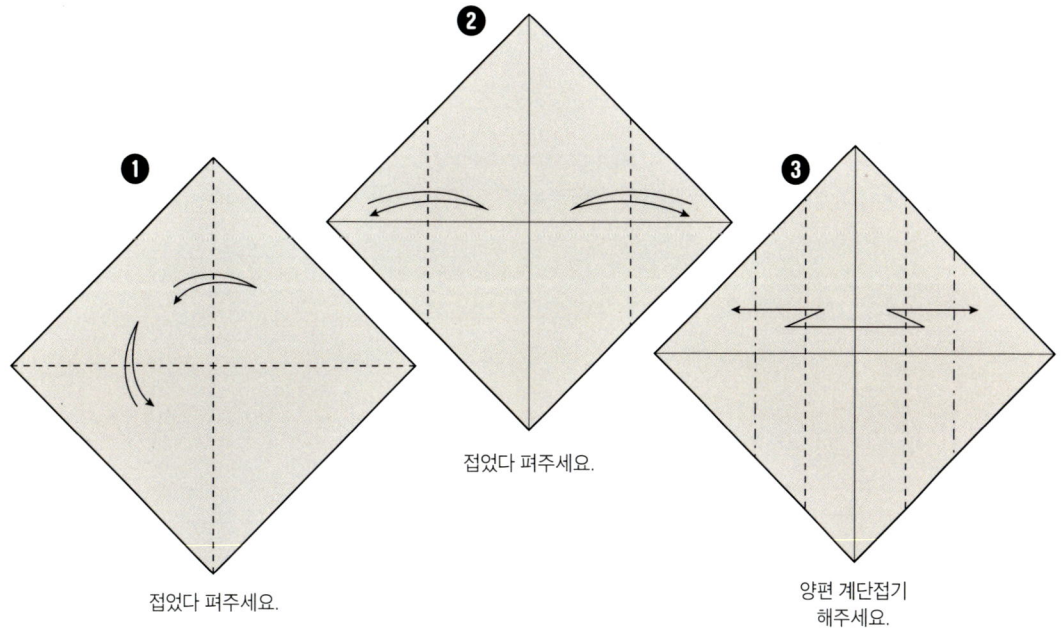

❶ 접었다 펴주세요.

❷ 접었다 펴주세요.

❸ 양편 계단접기 해주세요.

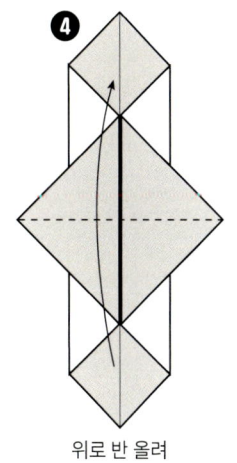 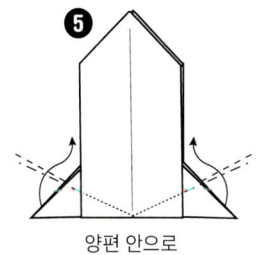 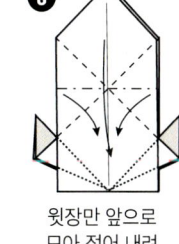 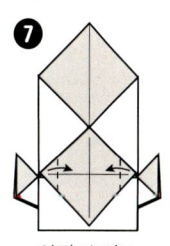

❹ 위로 반 올려 접어주세요.

❺ 양편 안으로 올려 접어주세요.

❻ 윗장만 앞으로 모아 접어 내려 주세요.

❼ 양편 1/3정도 모아 접어주세요.

49

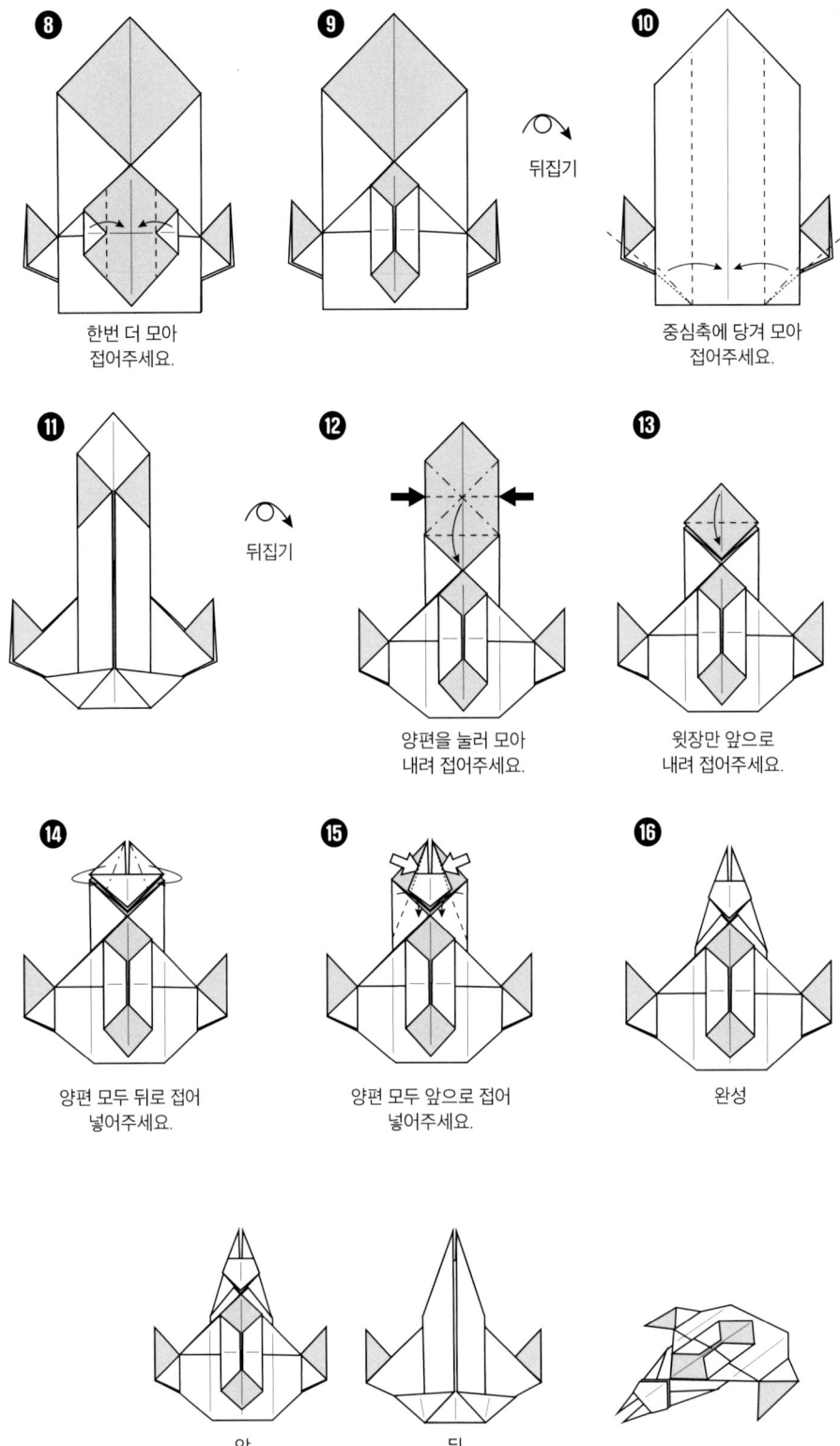

✕ 미니젯 수라(Sura) 로봇 A형

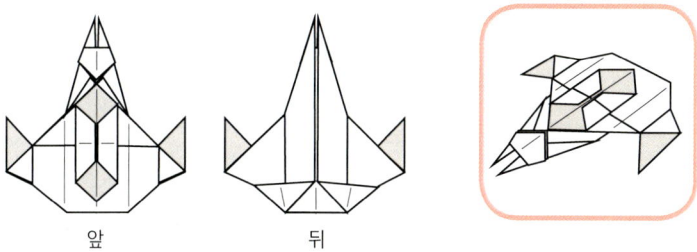

필요한 부분

머리 B형

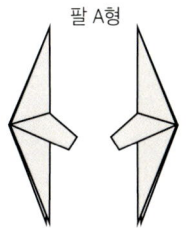
팔 A형

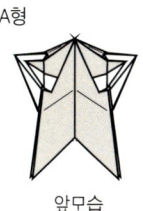
하체 A형
옆모습   앞모습

조립

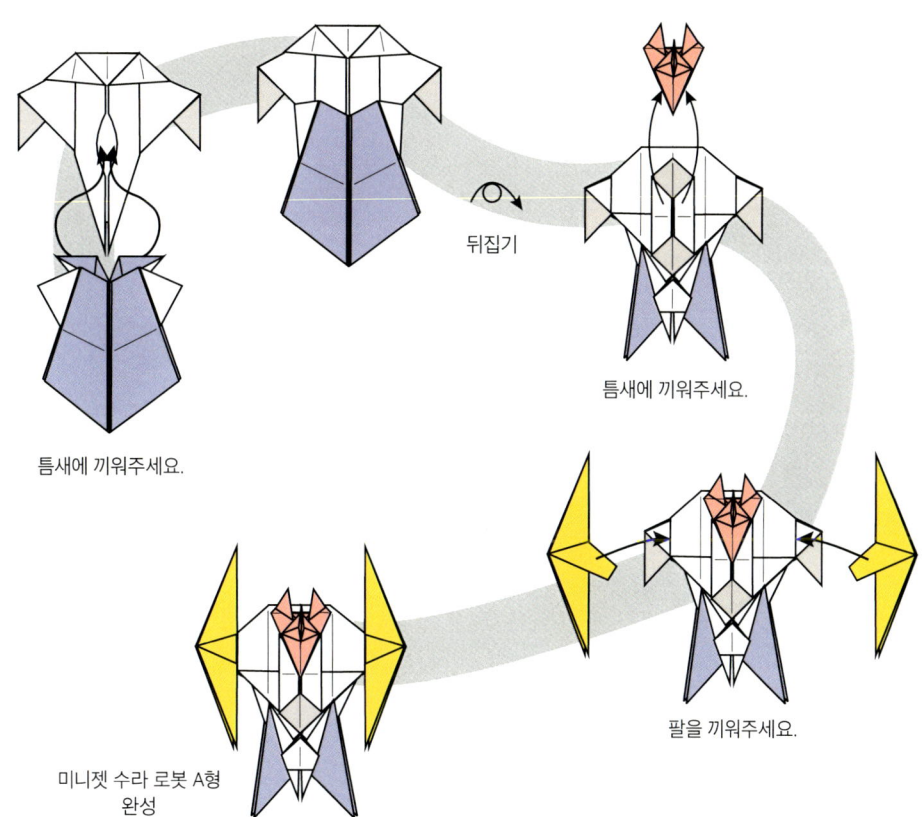

틈새에 끼워주세요.

뒤집기

틈새에 끼워주세요.

팔을 끼워주세요.

미니젯 수라 로봇 A형
완성

✕ 미니젯 수라(Sura) 로봇 B형

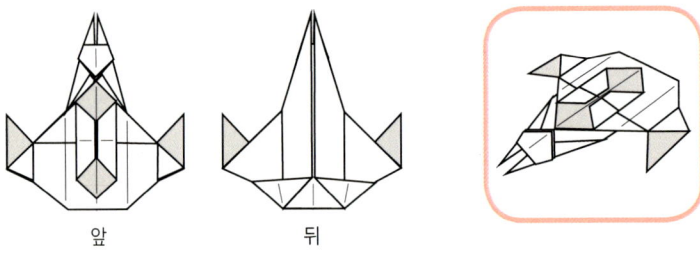

앞 뒤

필요한 부분

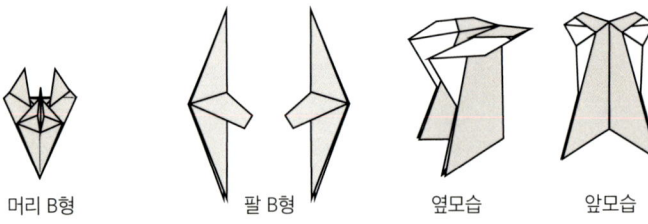

머리 B형 팔 B형 하체 C형
　　　　　　　　　옆모습　앞모습

조립

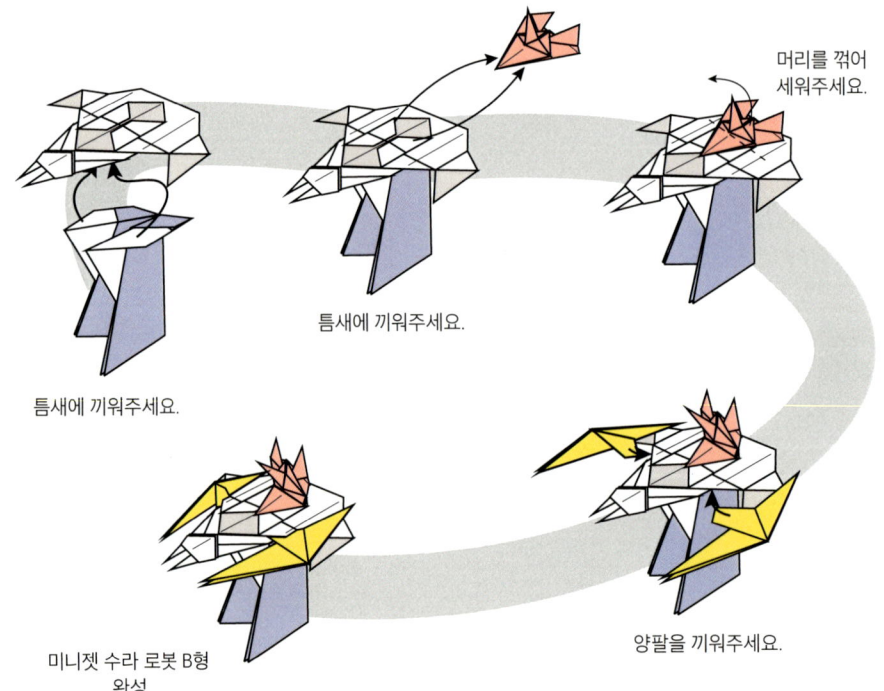

틈새에 끼워주세요.
틈새에 끼워주세요.
머리를 꺾어 세워주세요.
미니젯 수라 로봇 B형 완성
양팔을 끼워주세요.

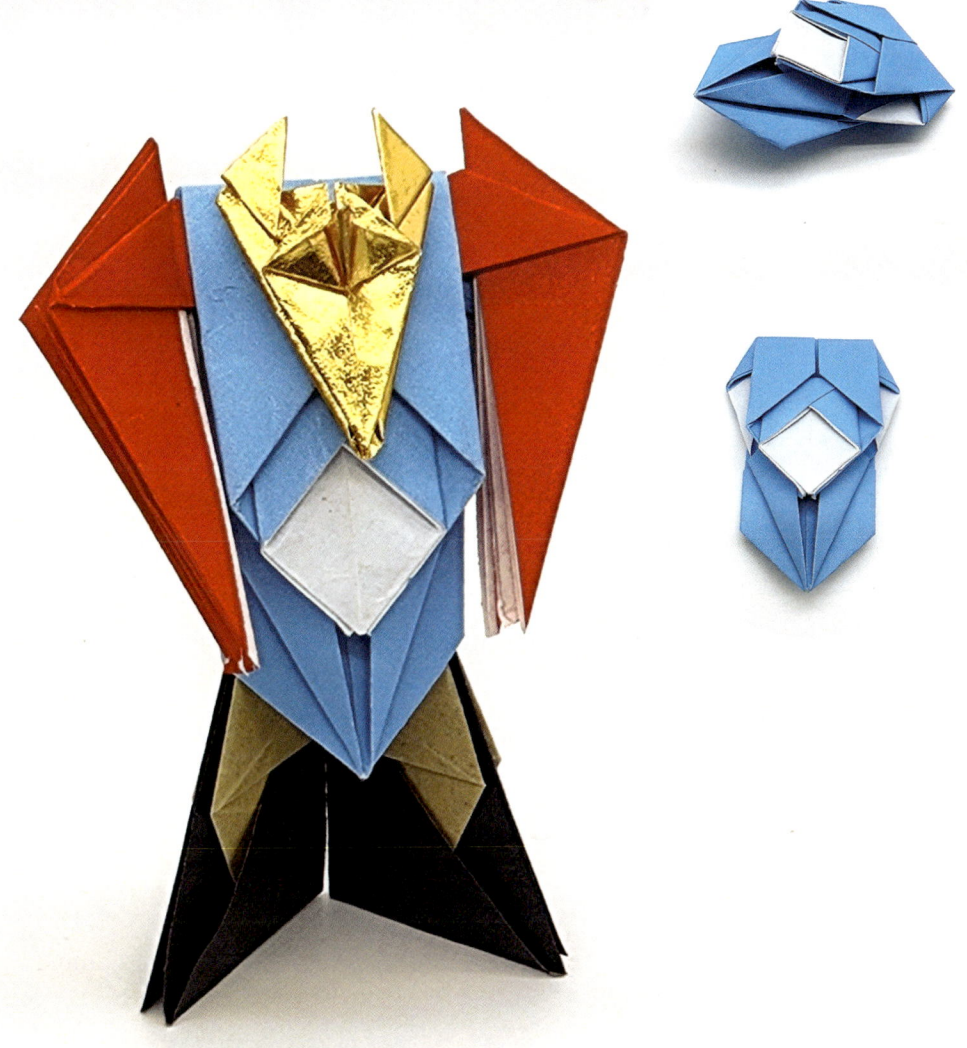

8. 미니젯 비슈누

✕ 미니젯 비슈누(Visnu)

악을 물리치고 평화와 조화를
유지하는 역할을 하는 남신

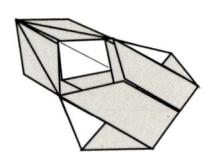

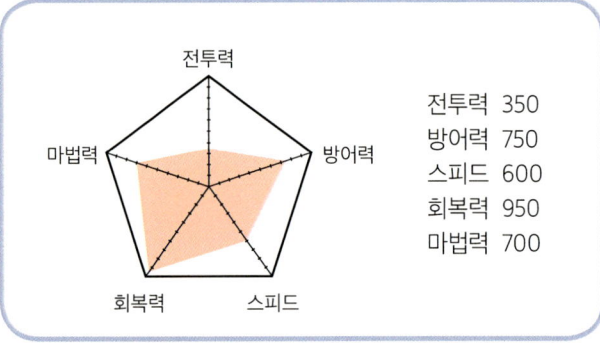

전투력 350
방어력 750
스피드 600
회복력 950
마법력 700

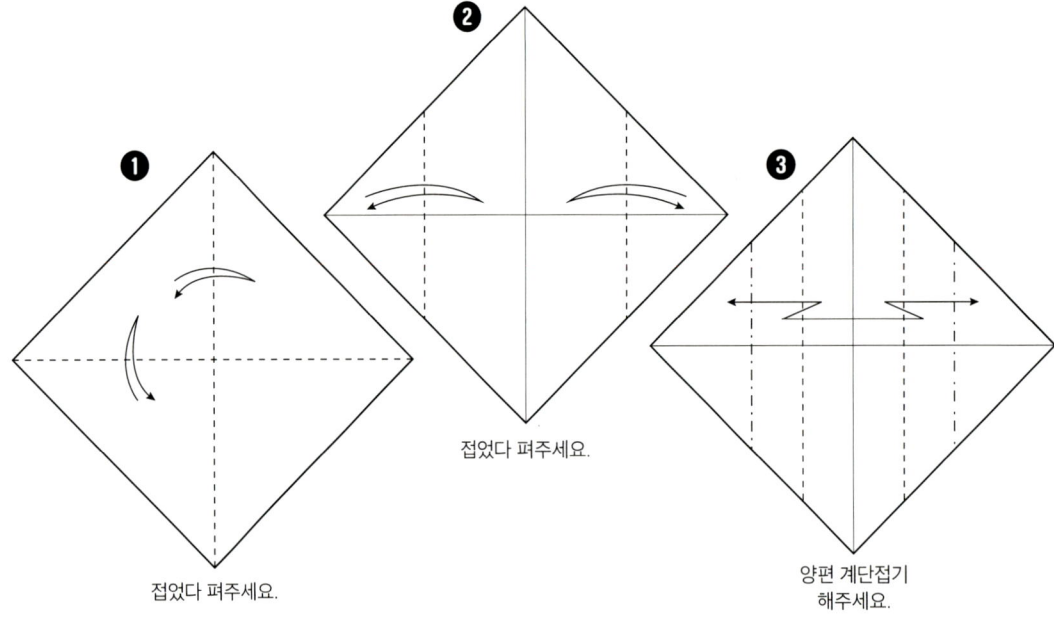

❶ 접었다 펴주세요.

❷ 접었다 펴주세요.

❸ 양편 계단접기 해주세요.

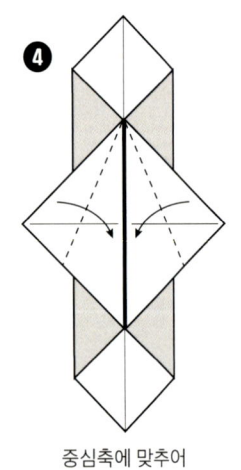
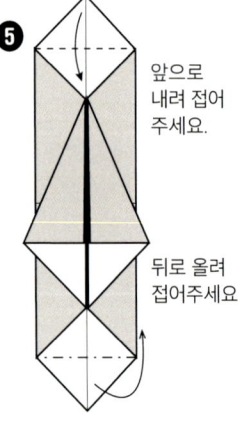
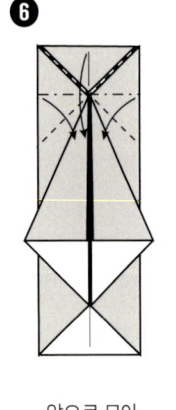
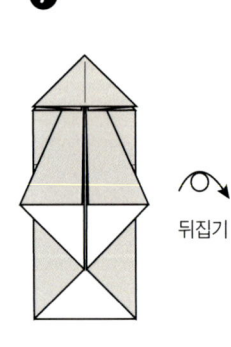

❹ 중심축에 맞추어 접어주세요.

❺ 앞으로 내려 접어주세요. / 뒤로 올려 접어주세요.

❻ 앞으로 모아 내려 접어주세요.

❼ 뒤집기

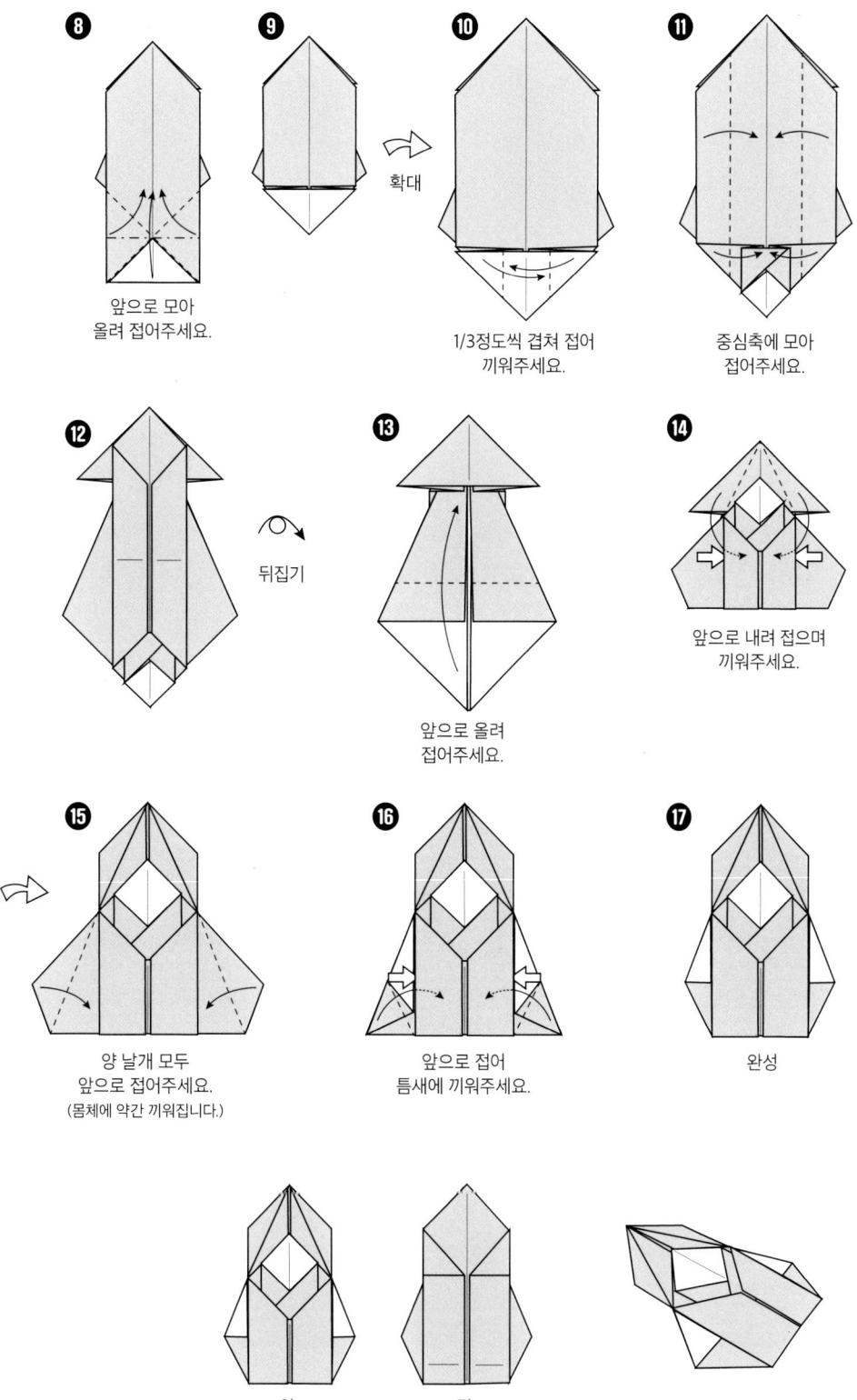

✕ 미니젯 비슈누(Visnu) 로봇 A형

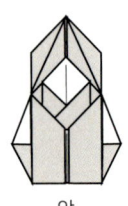 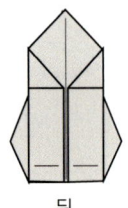 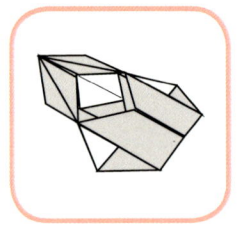

앞　　　　뒤

필요한 부분

 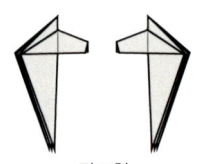 하체 A형

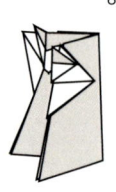 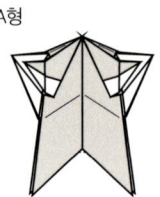

머리 B형　　　　팔 C형　　　　옆모습　　앞모습

조립

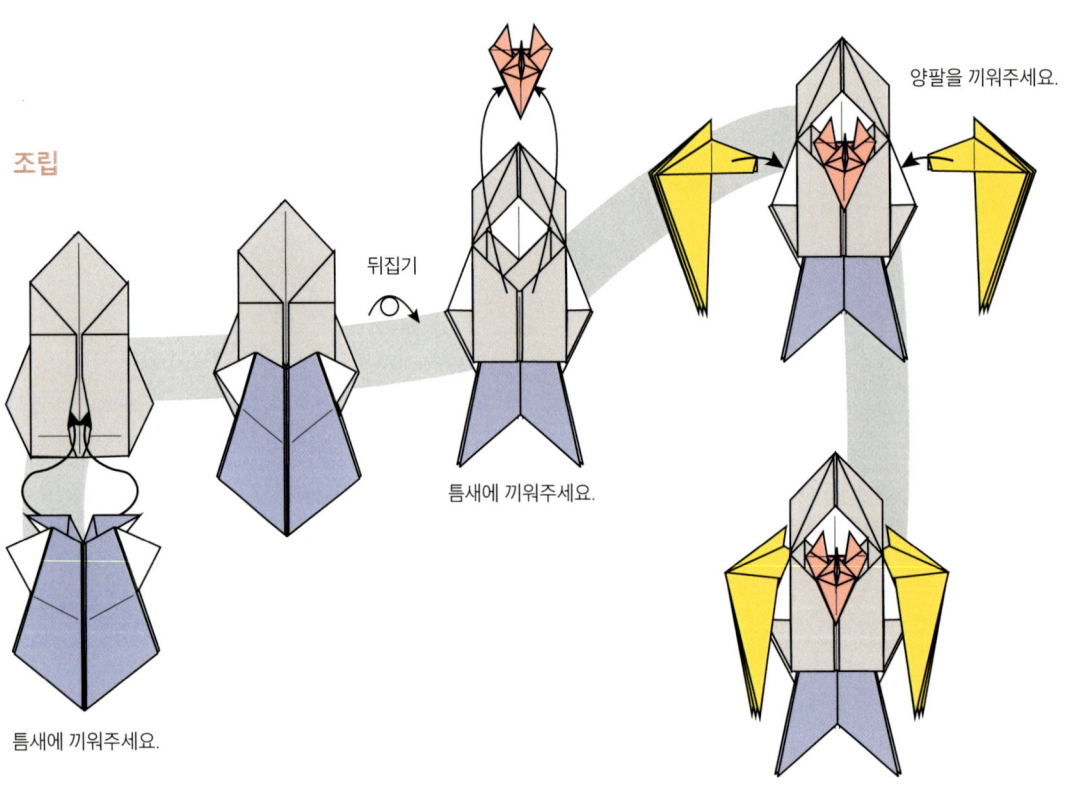

틈새에 끼워주세요.　　뒤집기　　틈새에 끼워주세요.　　양팔을 끼워주세요.

미니카 비슈누 로봇 A형 완성

미니젯 비슈누(Visnu) 로봇 B형

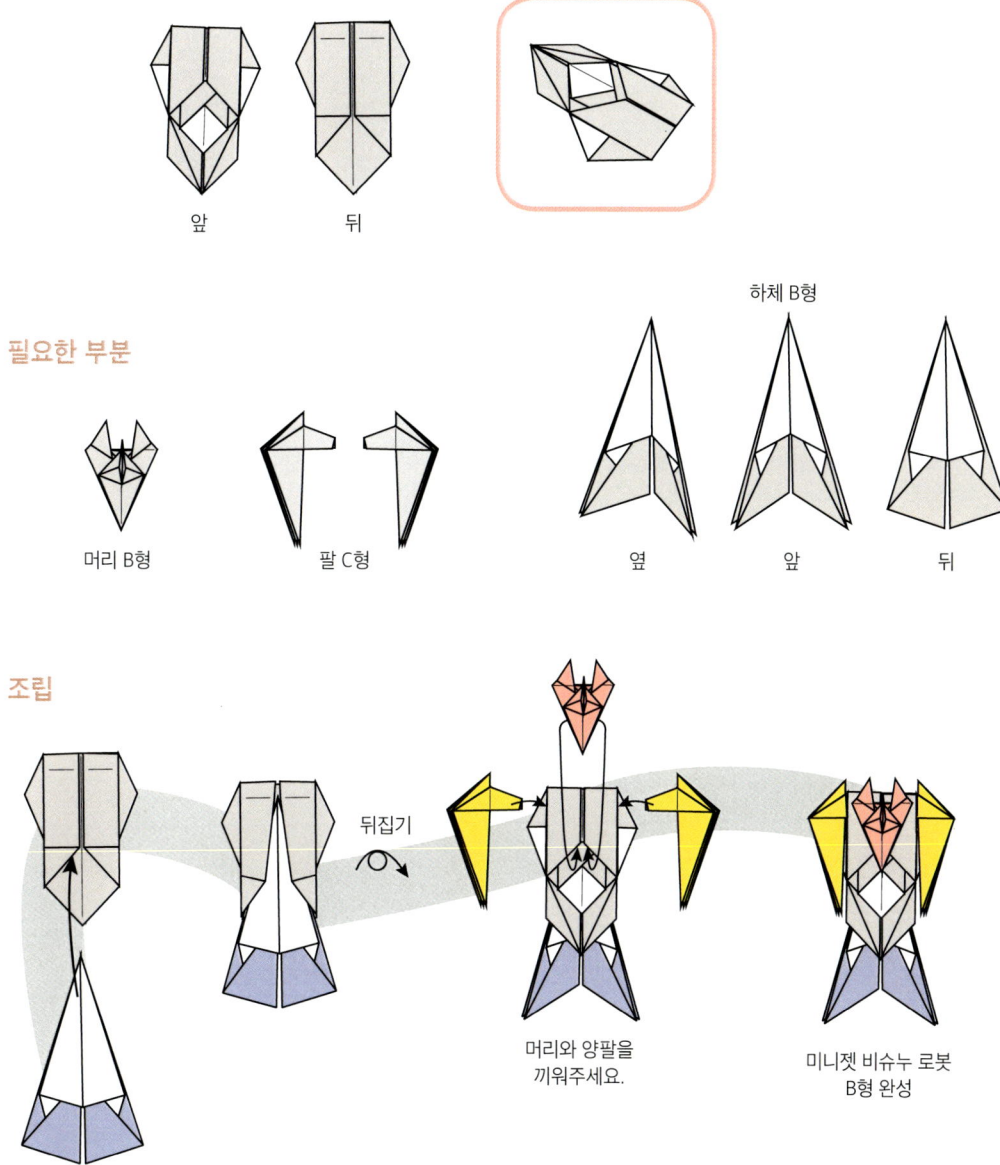

57

9. 미니젯 칼리

✕ 미니젯 칼리(Kali)

파괴와 시간, 변화의 여신

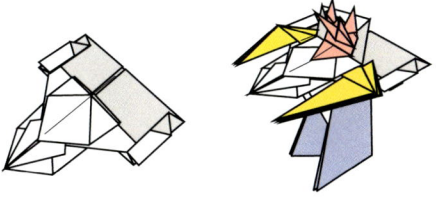
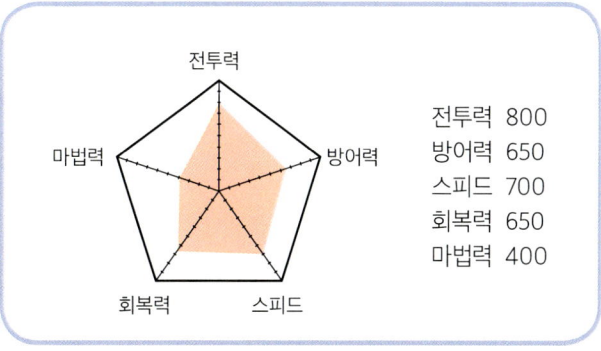

전투력 800
방어력 650
스피드 700
회복력 650
마법력 400

❶ 접었다 펴주세요.

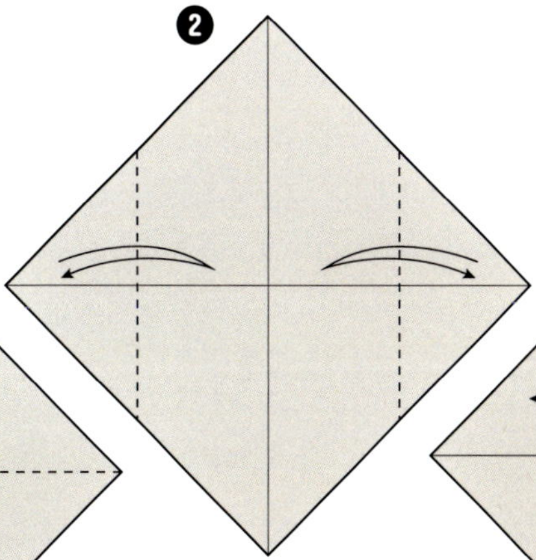

❷ 접었다 펴주세요.

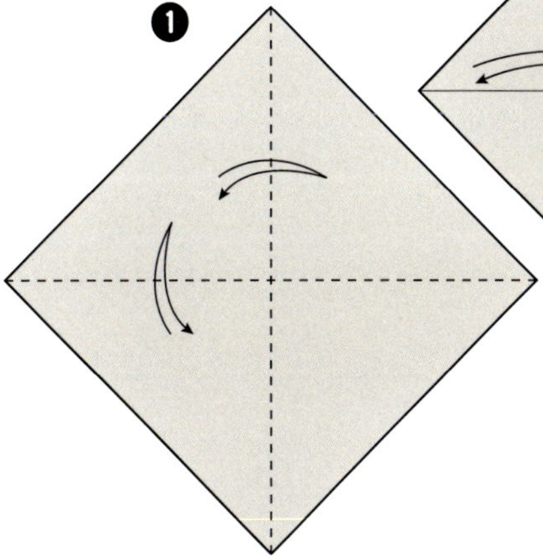

❸ 양편 계단접기 해주세요.

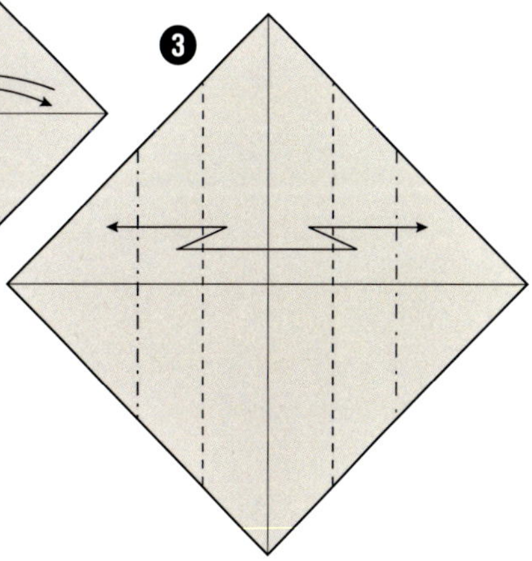

❹ 뒤집기

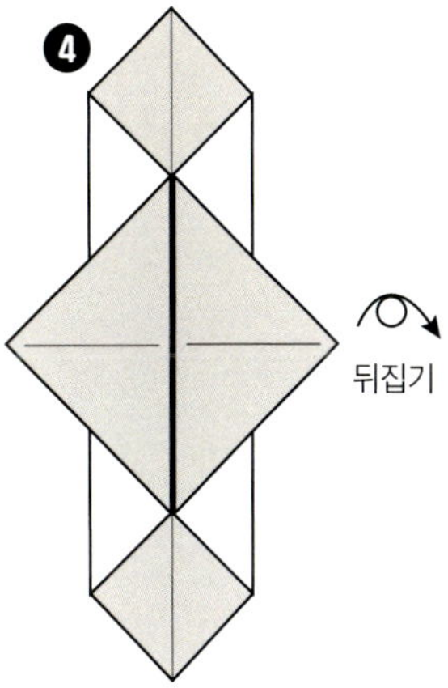

❺ 앞으로 내려 접어주세요.

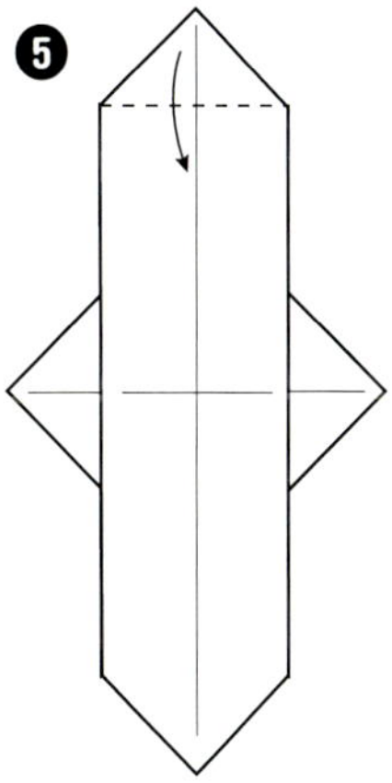

❻ 앞으로 모아 내려 접어주세요.

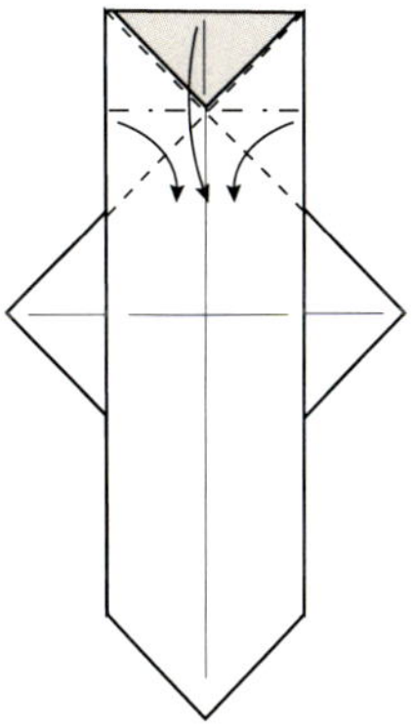

❼ 양편 모두 앞으로 내려 접어주세요.

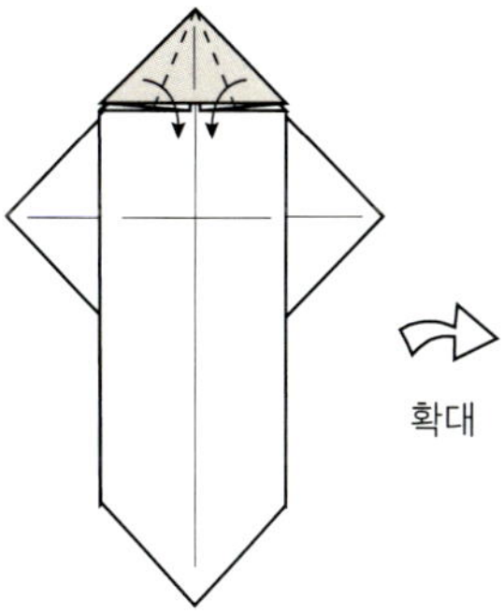

확대

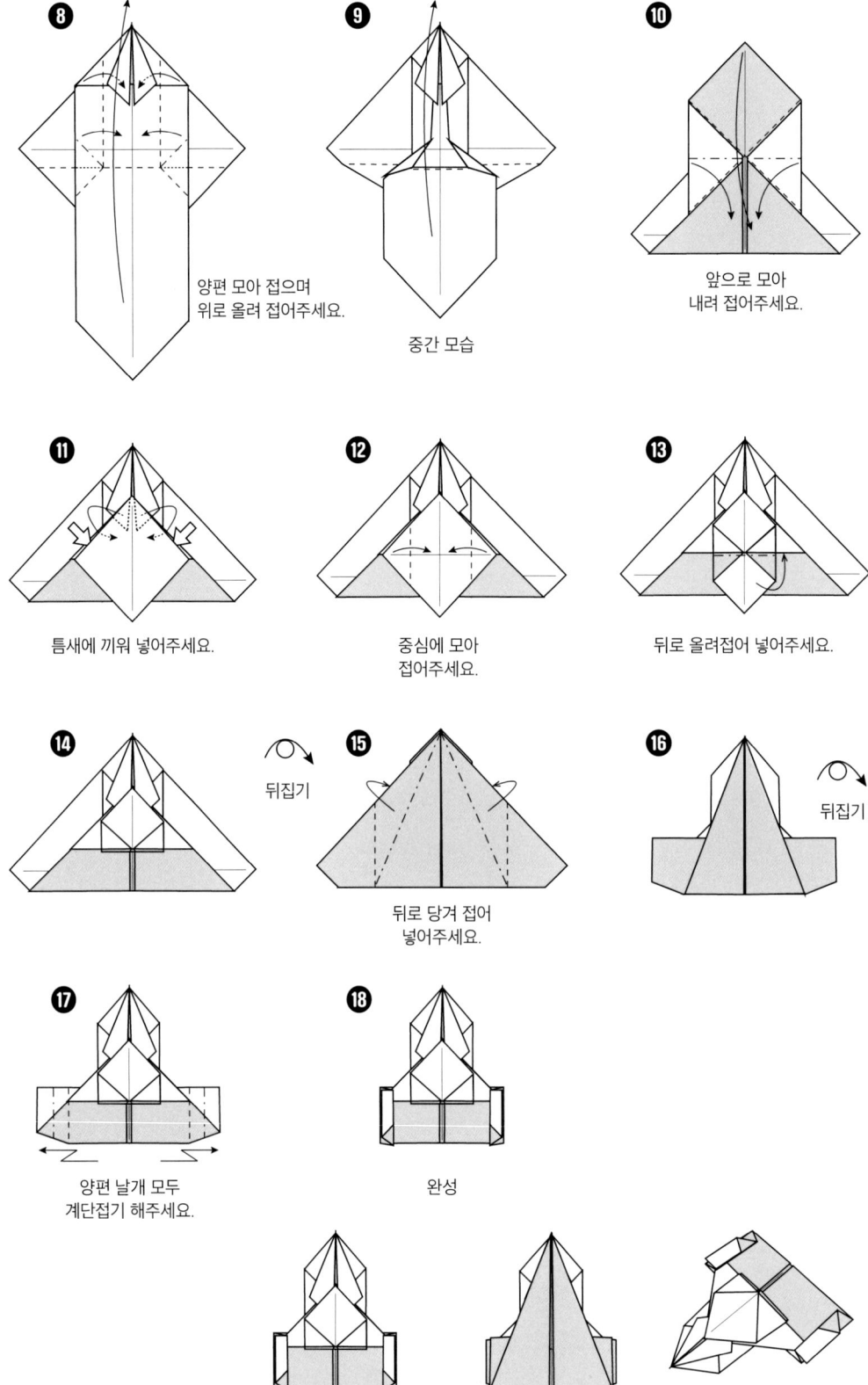

✕ 미니젯 칼리(Kali) 로봇 A형

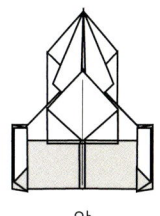
앞

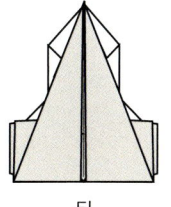
뒤

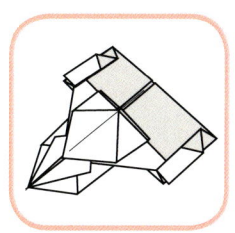

필요한 부분

머리 B형

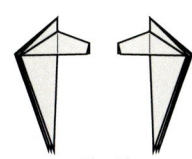
팔 C형

하체 A형

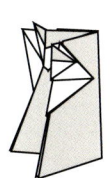
옆모습

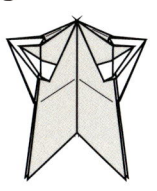
앞모습

조립

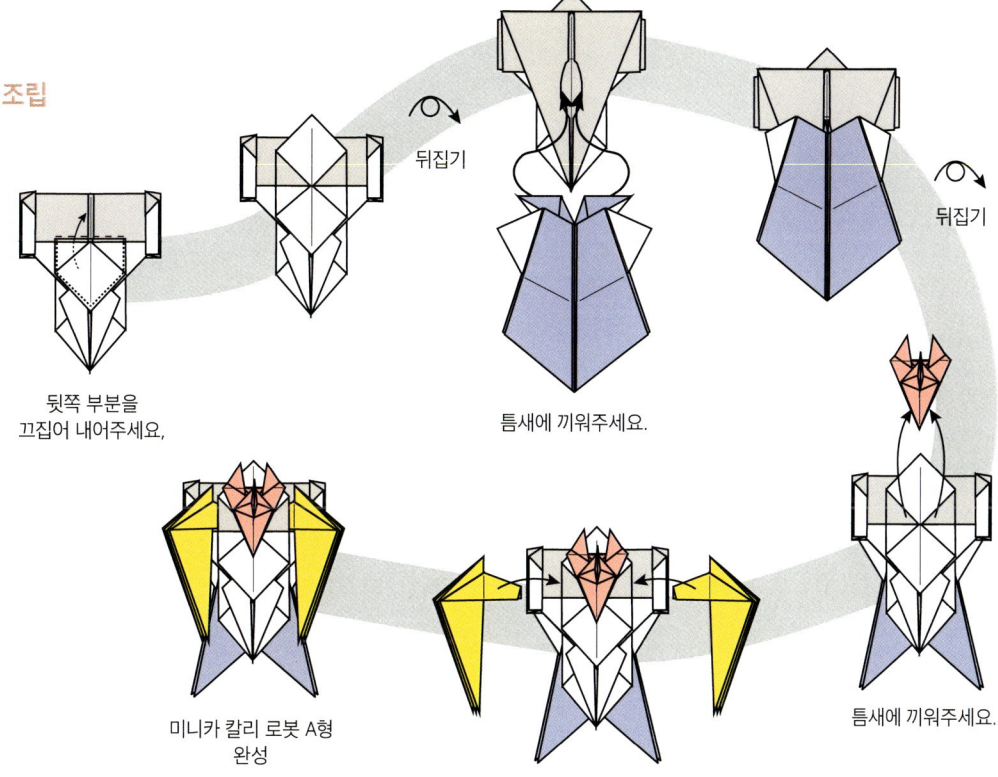

뒷쪽 부분을 끄집어 내어주세요.

뒤집기

틈새에 끼워주세요.

뒤집기

틈새에 끼워주세요.

양팔을 끼워주세요.

미니카 칼리 로봇 A형 완성

✕ 미니젯 칼리(Kali) 로봇 B형

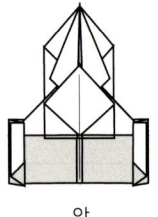 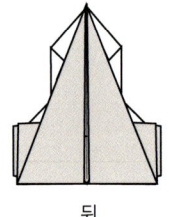 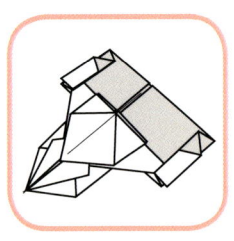

앞   뒤

필요한 부분

 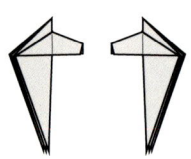 하체 C형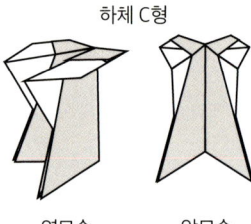

머리 B형   팔 C형   옆모습   앞모습

조립

뒷쪽 부분을 끄집어 내어주세요.

틈새에 끼워주세요. 머리 끼울 부분을 뒤로 접어주세요.

틈새에 끼워주세요.

머리를 꺾어 세워주세요.

미니젯 칼리 로봇 B형 완성

양팔을 끼워주세요.

10. 미니젯 아그니

✕ 미니젯 아그니(Agni)

불의 신

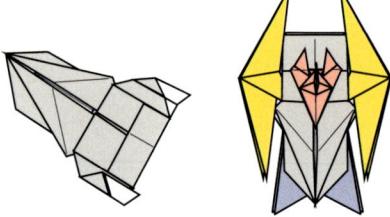
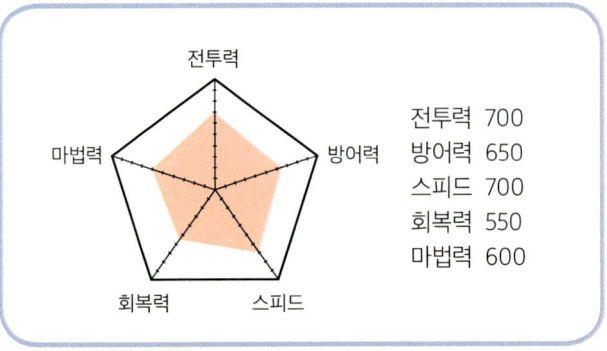

전투력 700
방어력 650
스피드 700
회복력 550
마법력 600

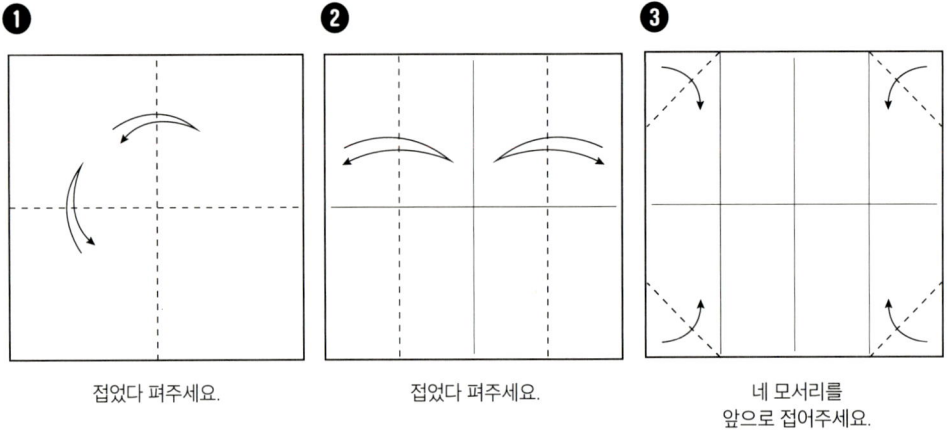

❶ 접었다 펴주세요.

❷ 접었다 펴주세요.

❸ 네 모서리를 앞으로 접어주세요.

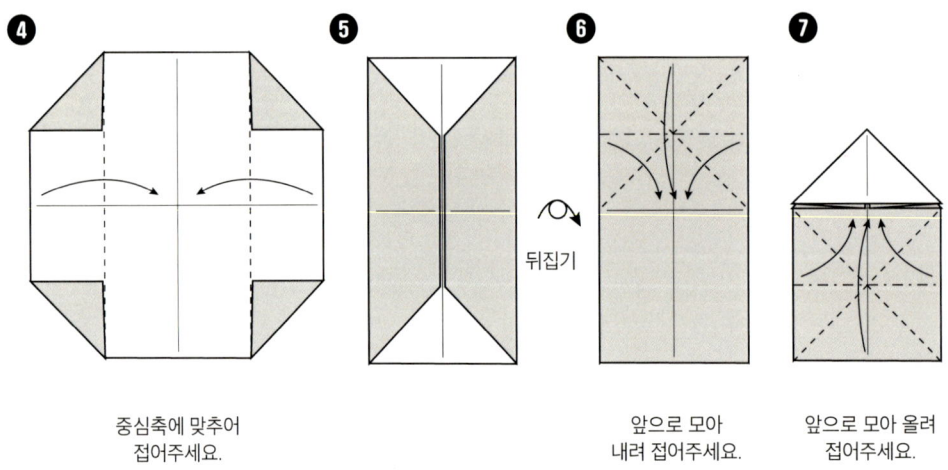

❹ 중심축에 맞추어 접어주세요.

❺ 뒤집기

❻ 앞으로 모아 내려 접어주세요.

❼ 앞으로 모아 올려 접어주세요.

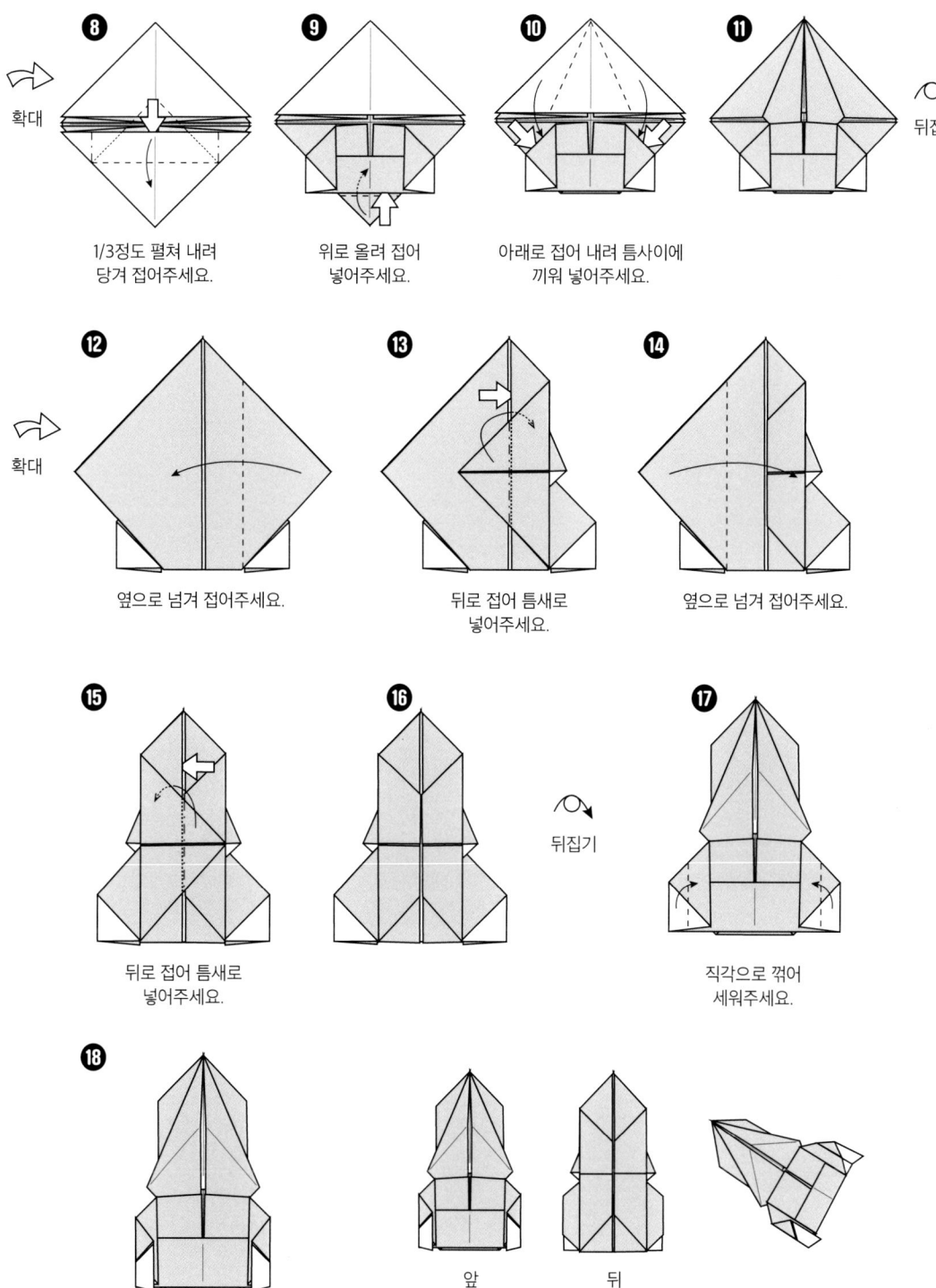

미니젯 아그니(Agni) 로봇 A형

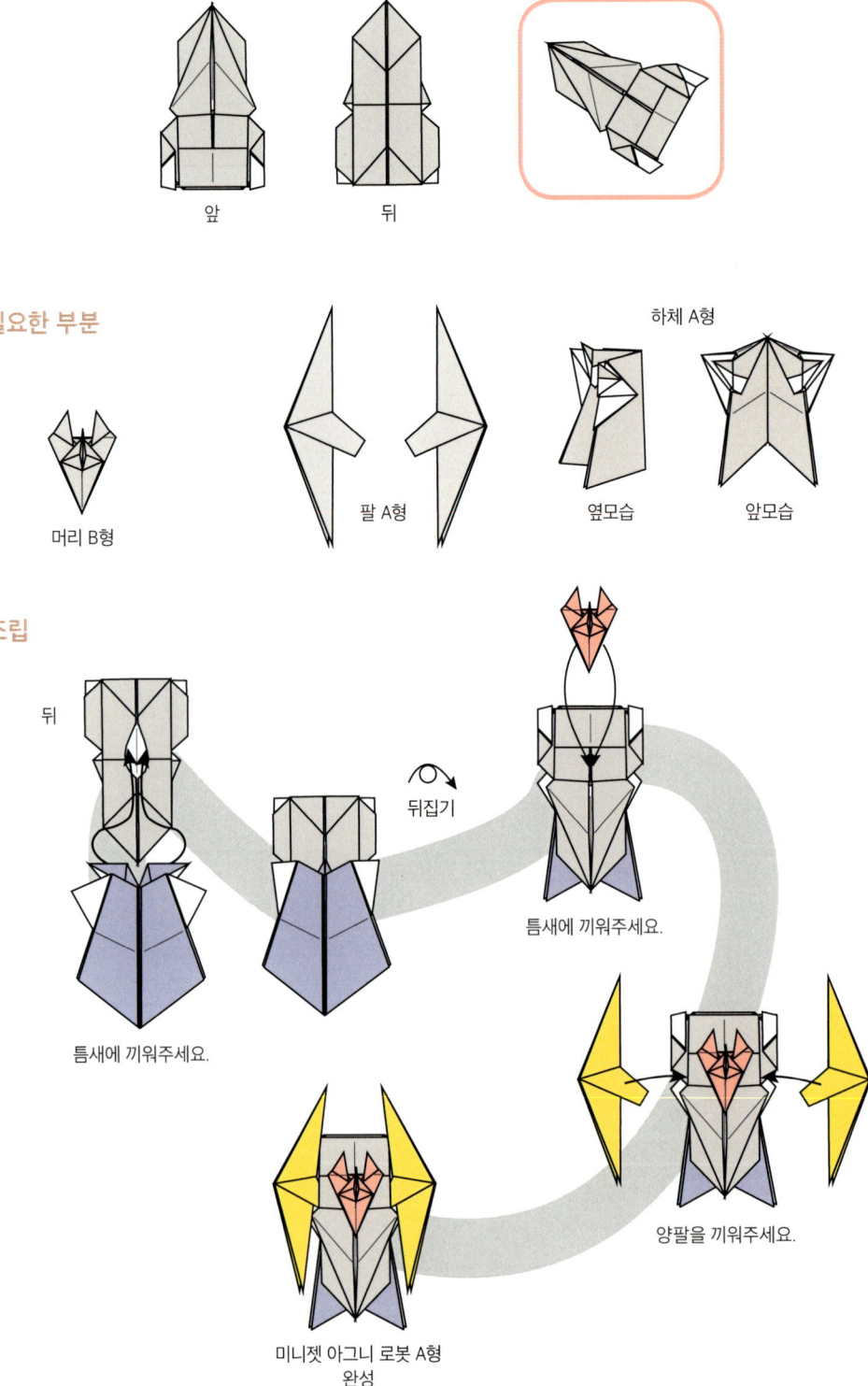

✕ 미니젯 아그니(Agni) 로봇 B형

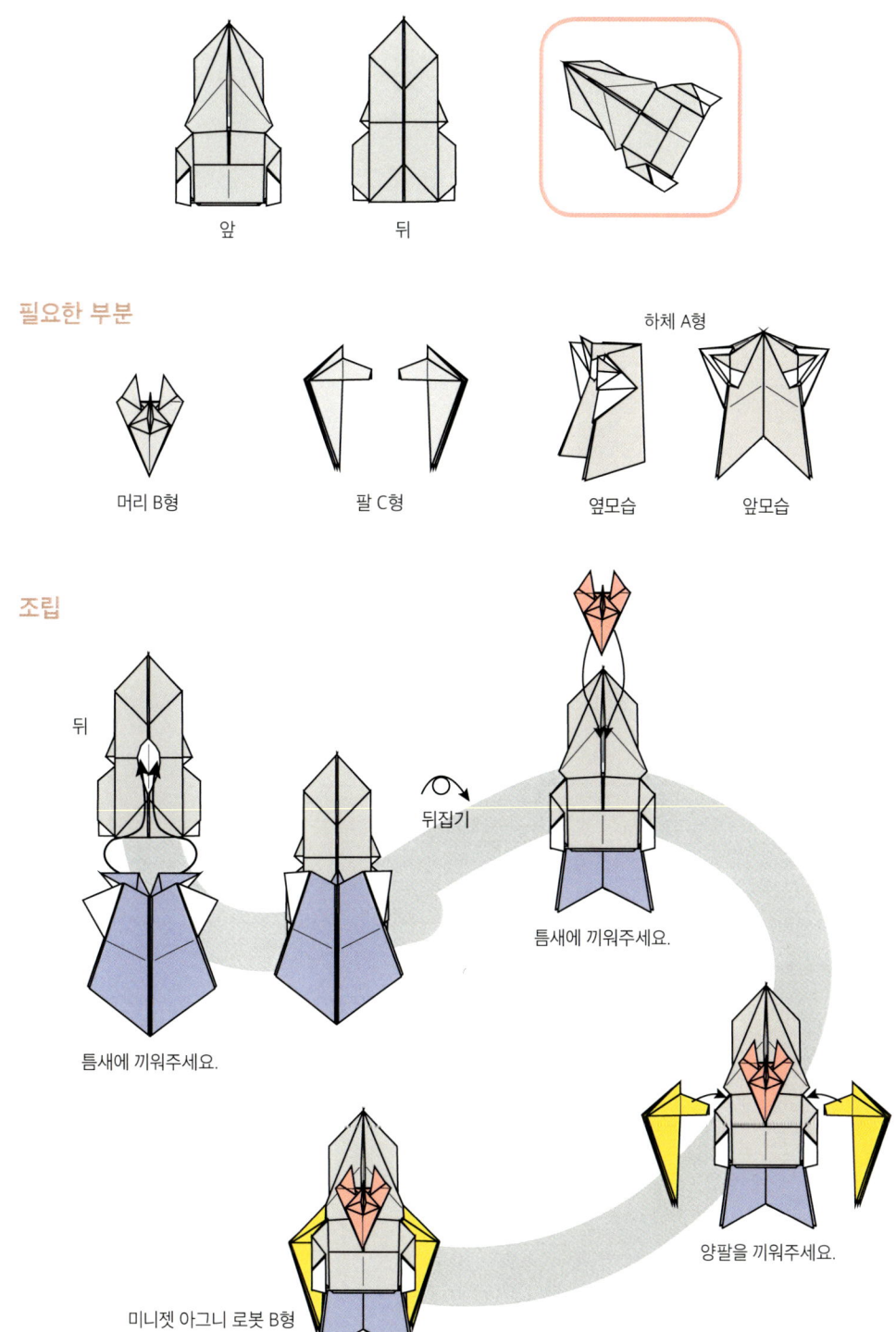

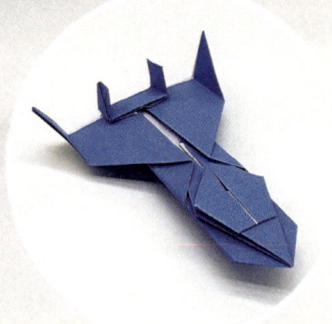
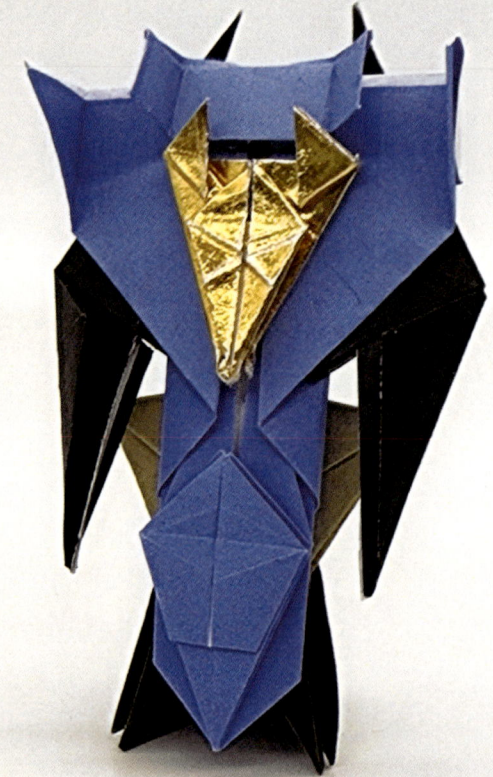

11. 미니젯 가야트리

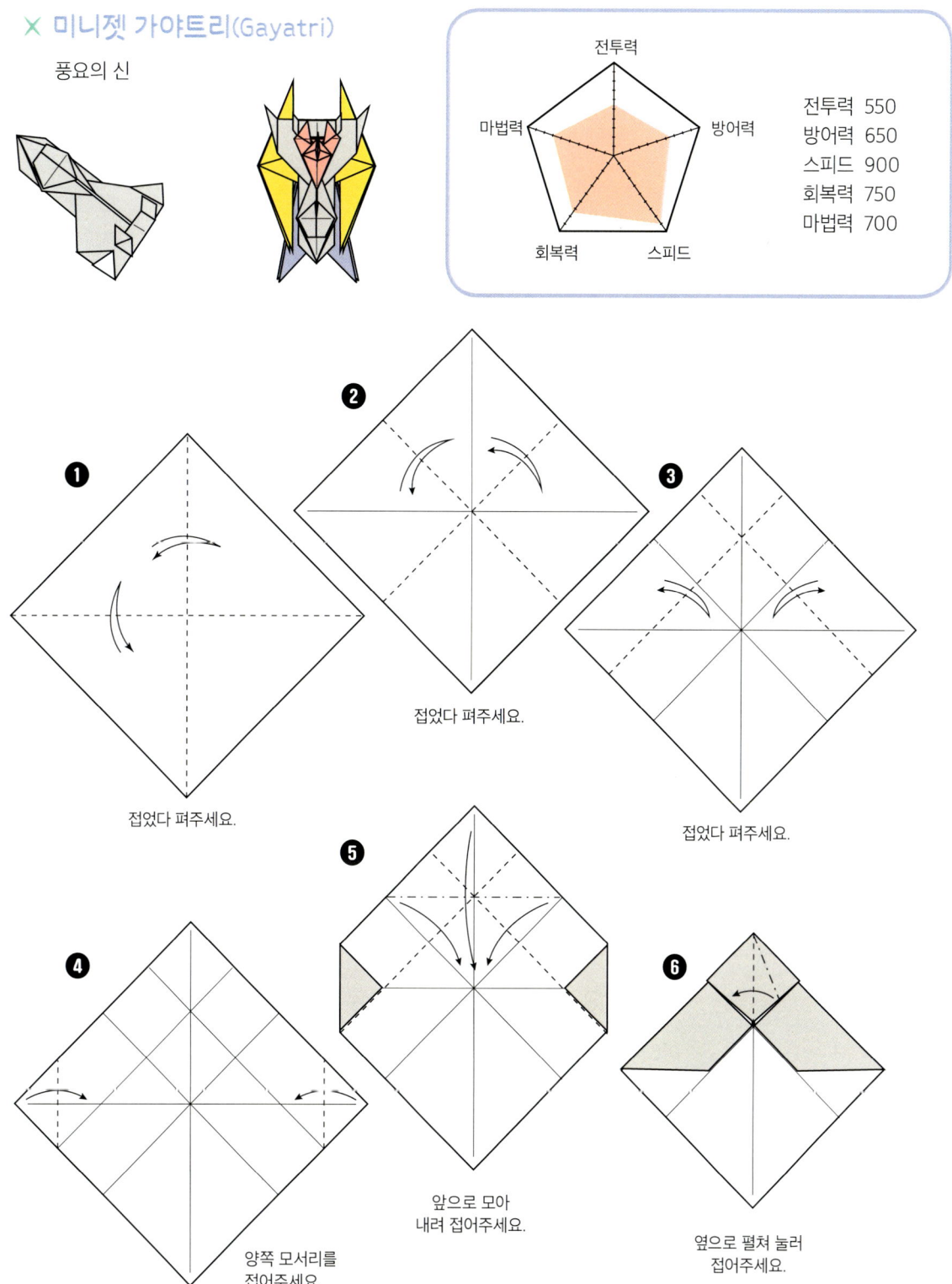

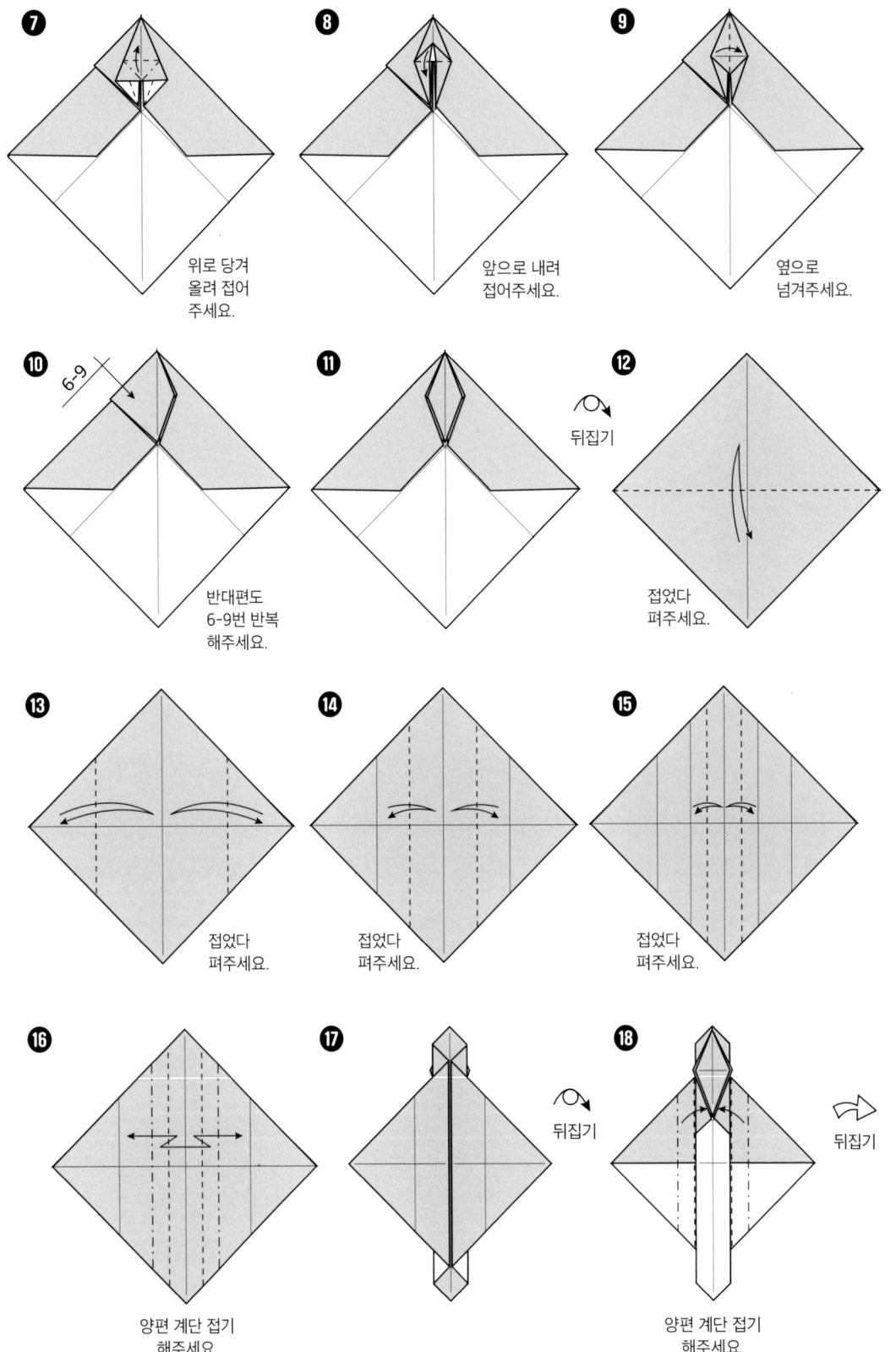

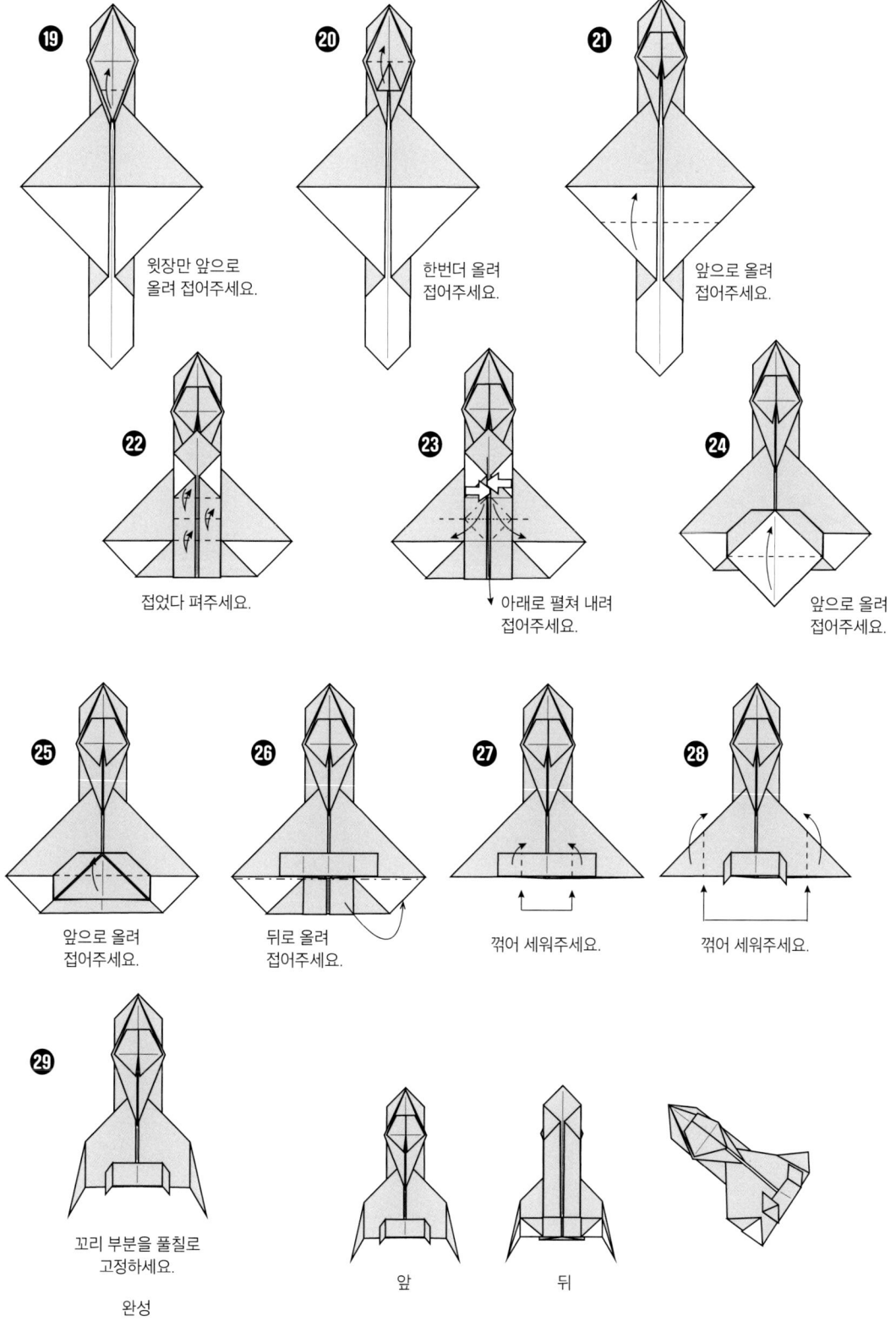

✕ 가야트리(Gayatri)

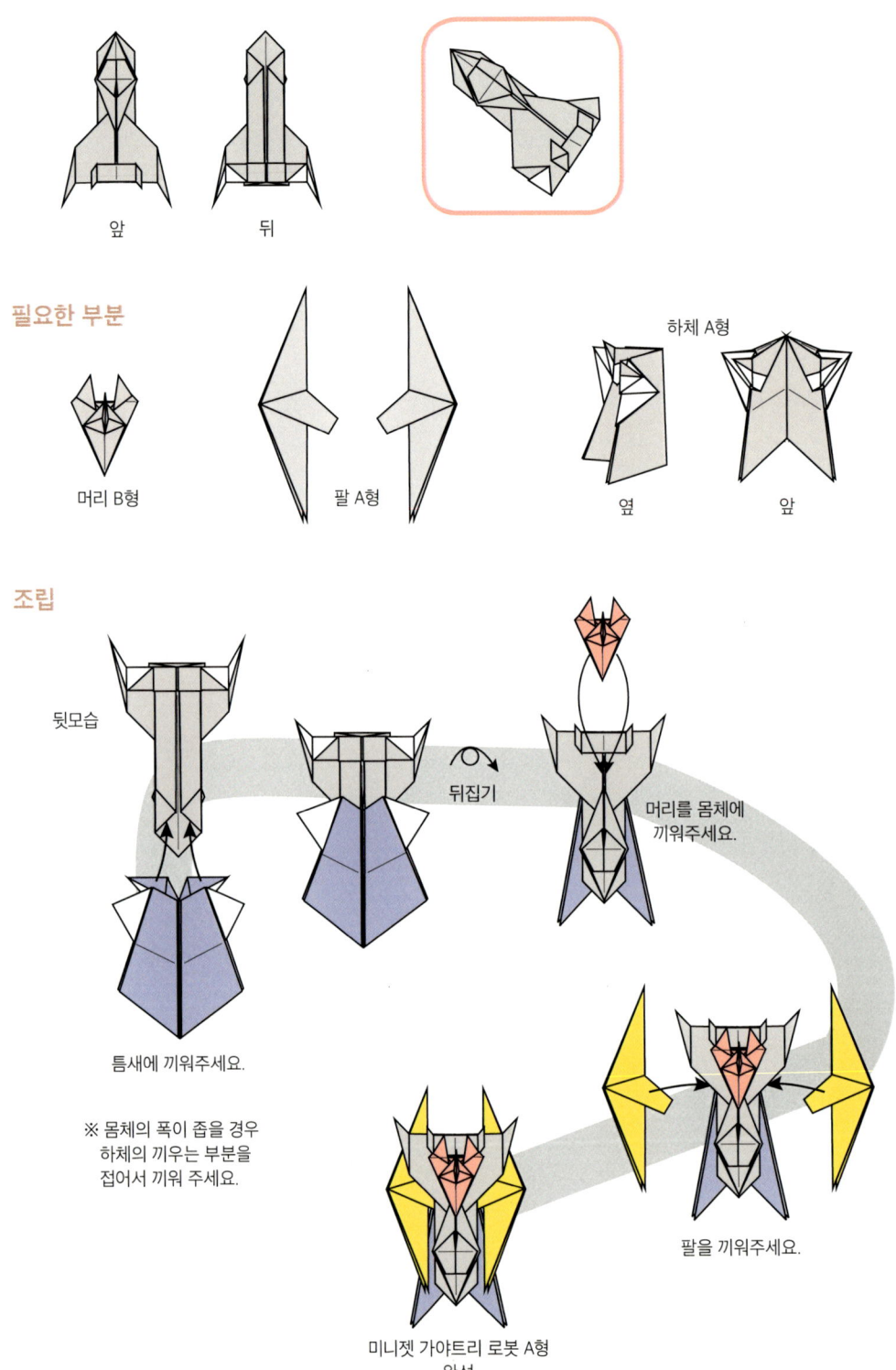

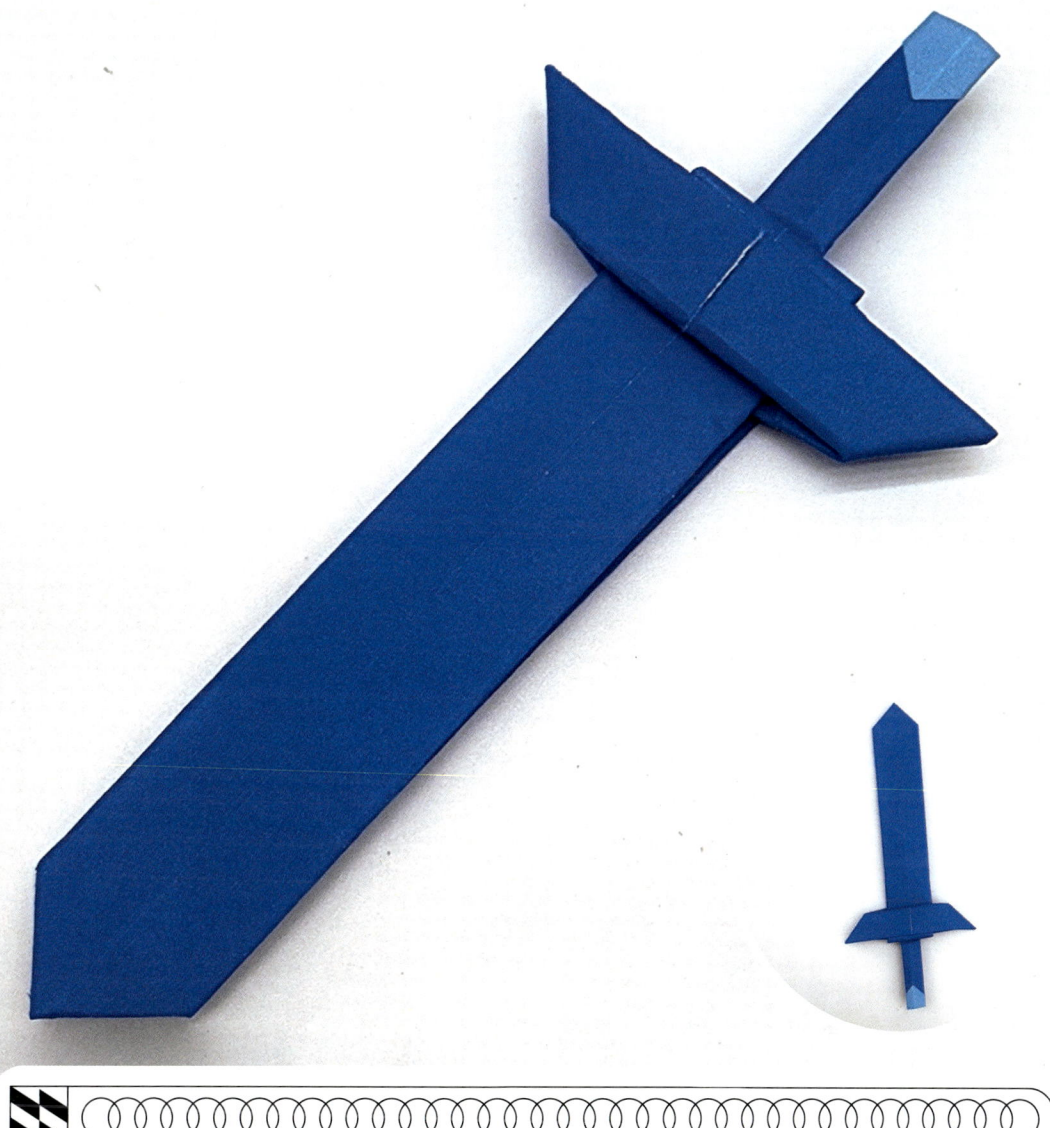

12. 검

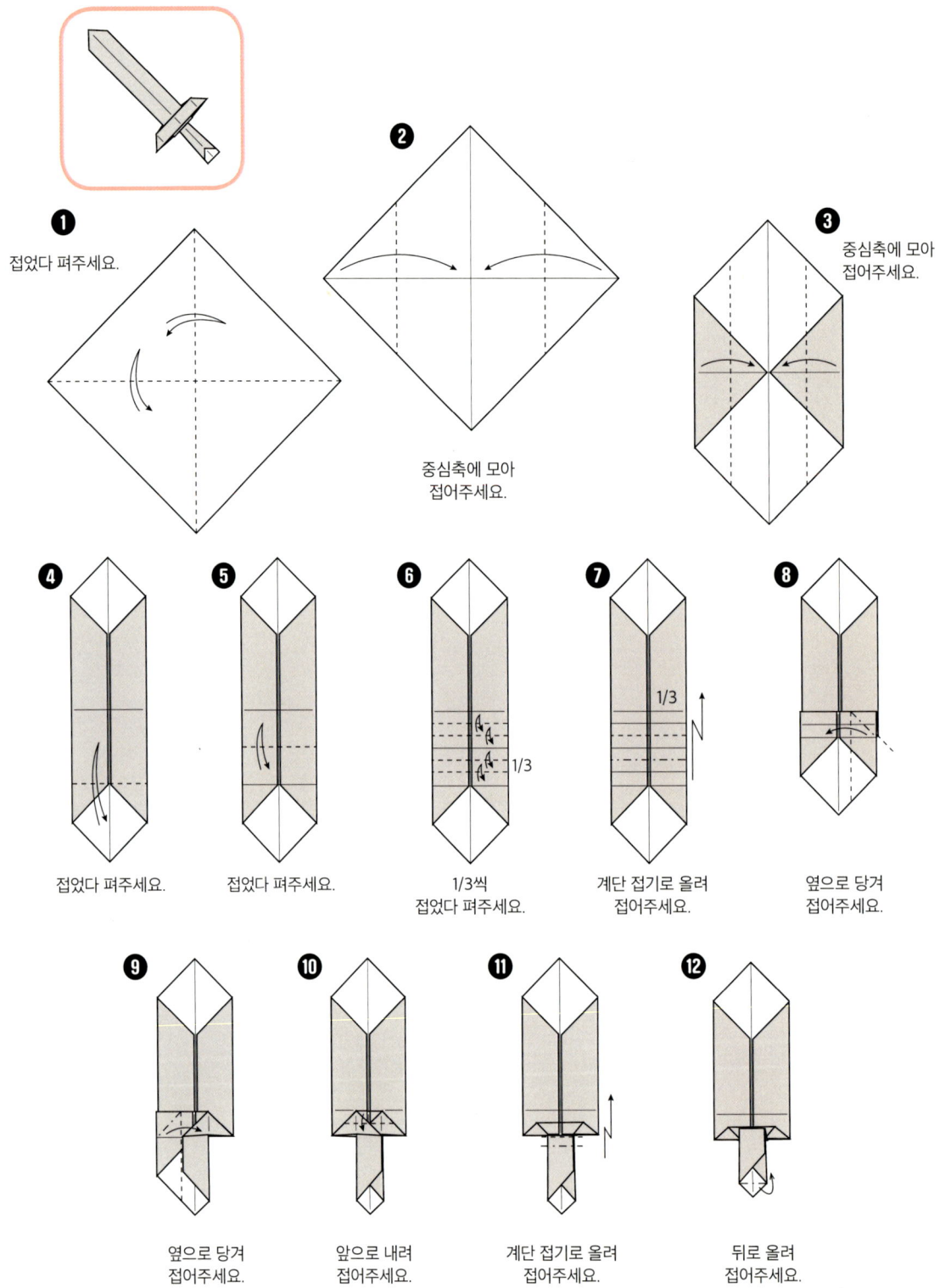

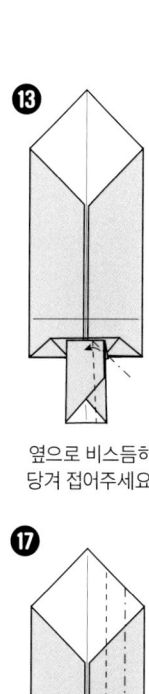
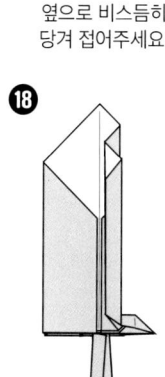
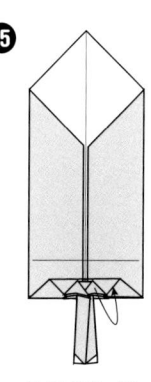
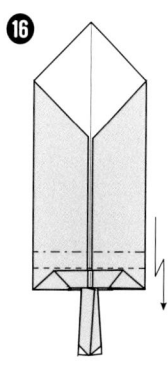

옆으로 비스듬히
당겨 접어주세요.

옆으로 비스듬히
당겨 접어주세요.

뒤 틈새에 끼워
넣어주세요.

계단 접기로 덮어
내려 접어주세요.

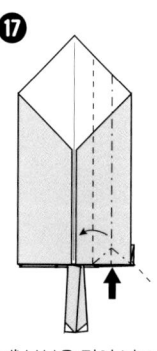
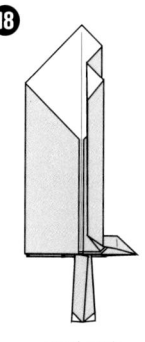
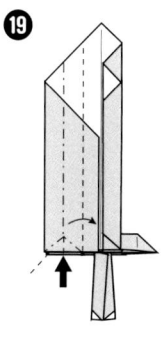
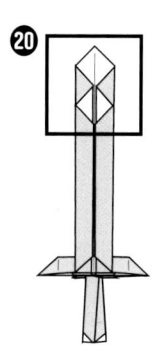

아래 부분을 밀어 넣으며
옆으로 당겨 접어주세요.

중간 모습

아래 부분을 밀어 넣으며
옆으로 당겨 접어주세요.

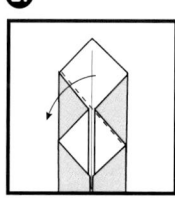
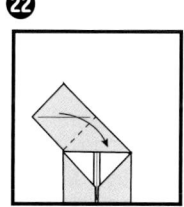
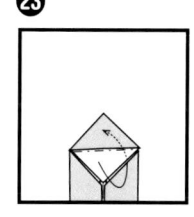
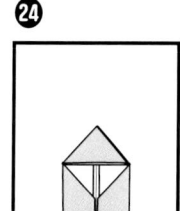

앞으로 내려 접으세요.

앞으로 내려 접으세요.

뒤로 접어 올려
넣어주세요.

칼끝 완성

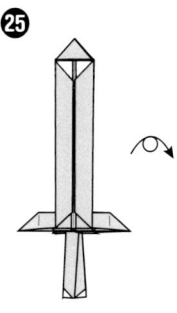
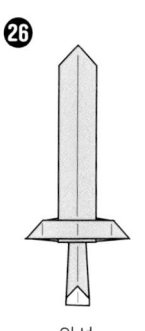

뒤집기

완성

13. 활

× 활

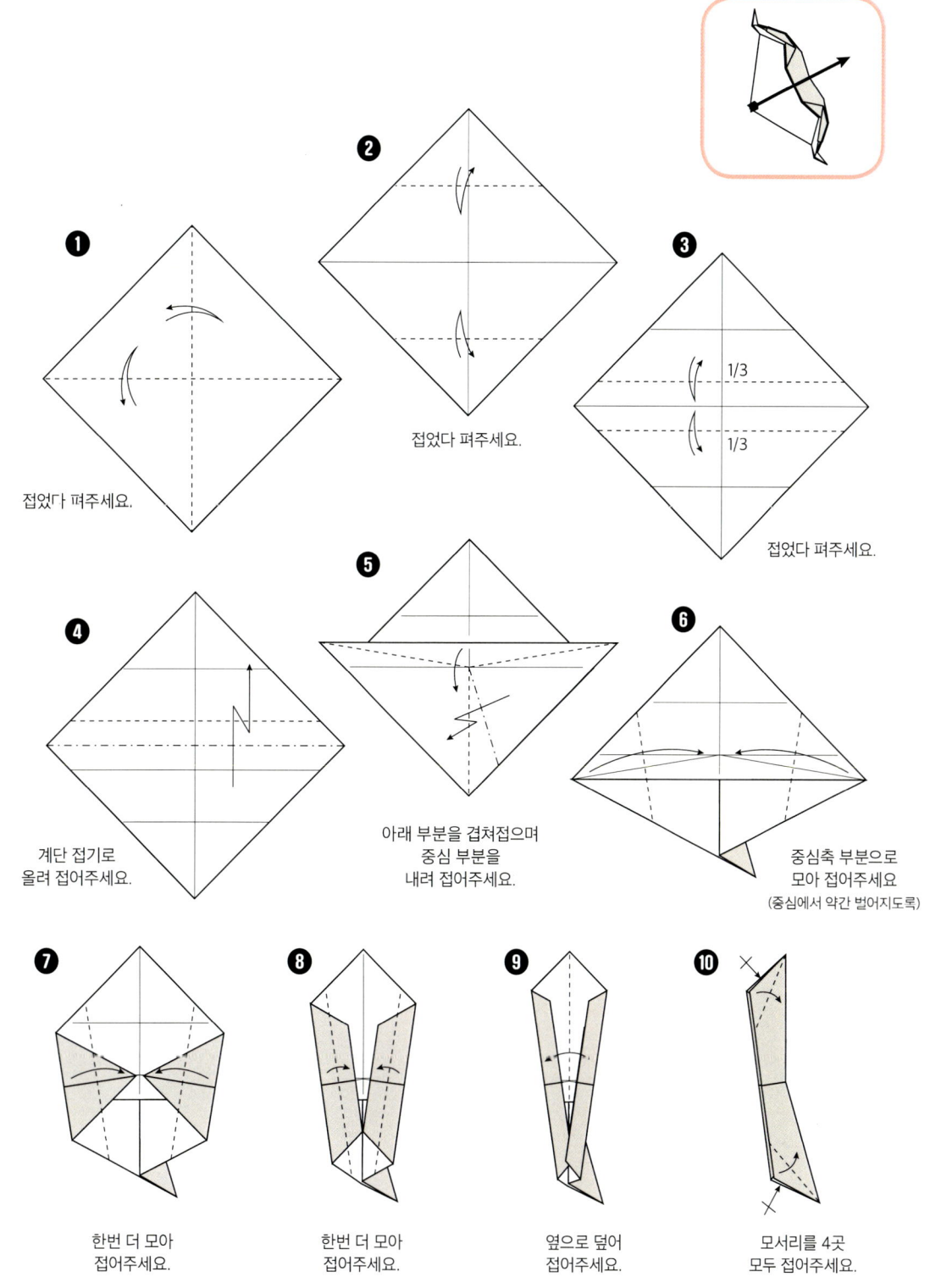

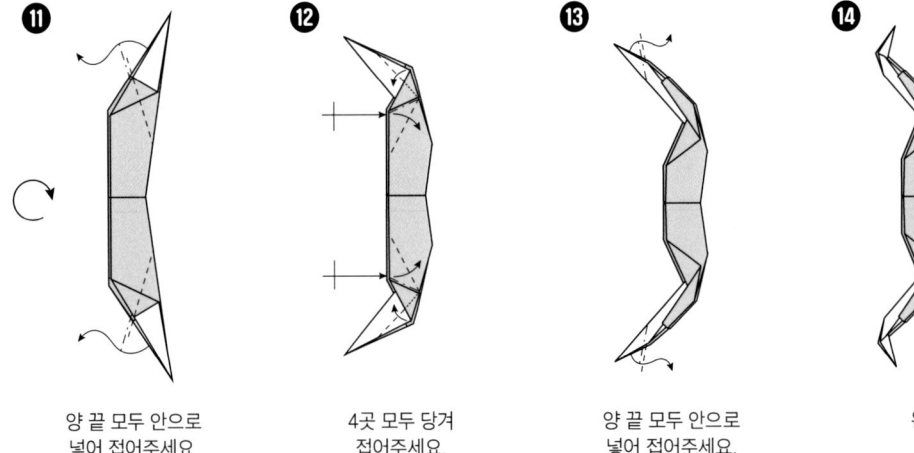

⓫ 양 끝 모두 안으로 넣어 접어주세요.

⓬ 4곳 모두 당겨 접어주세요.

⓭ 양 끝 모두 안으로 넣어 접어주세요.

⓮ 완성

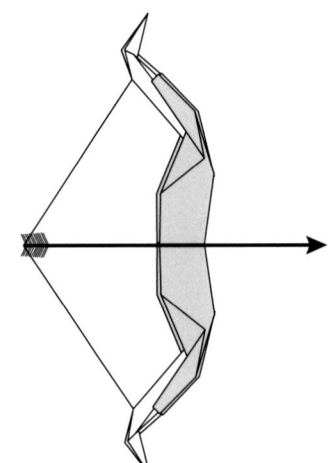

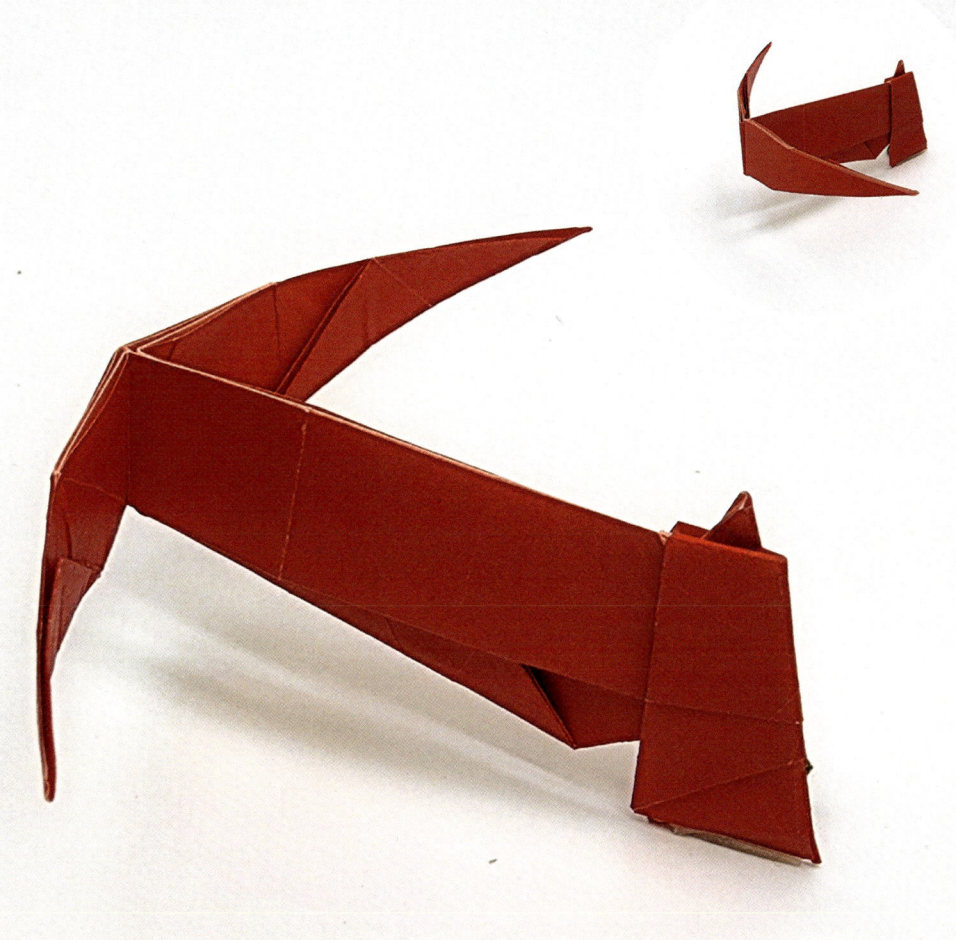

14. 석궁

✕ 석궁

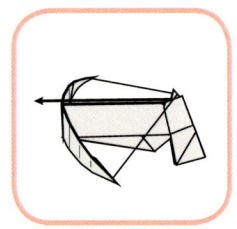

❶ 접었다 펴주세요.

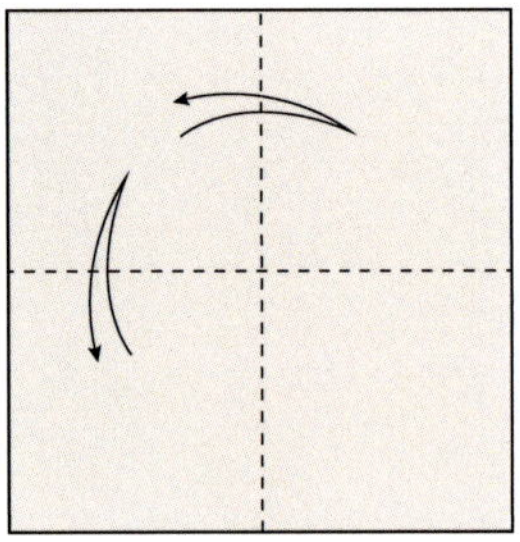

❷ 접었다 펴주세요.

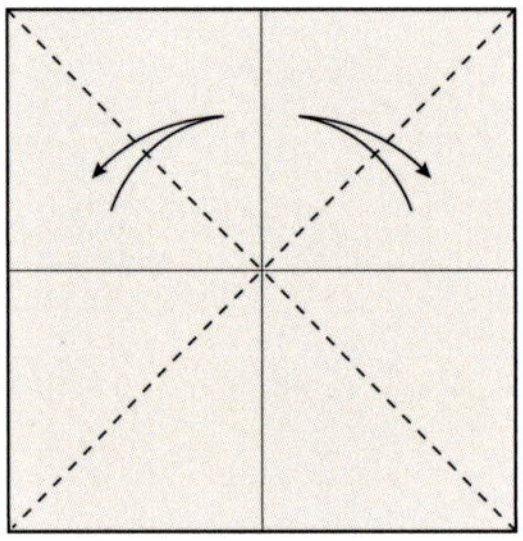

❸ 접었다 펴주세요.

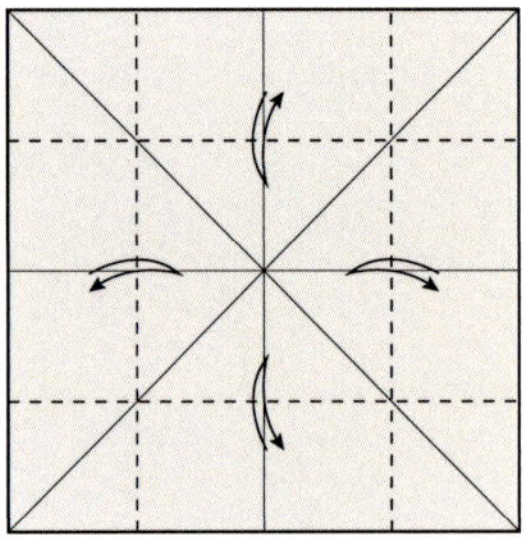

❹ 접었다 펴주세요.

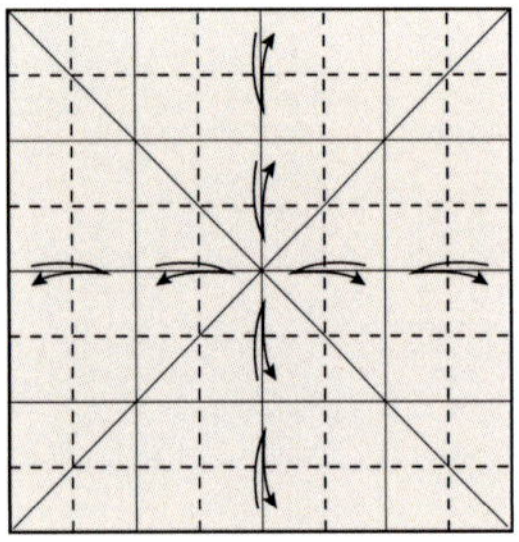

❺ 위쪽을 뒤로 모아 내려 접어주세요.

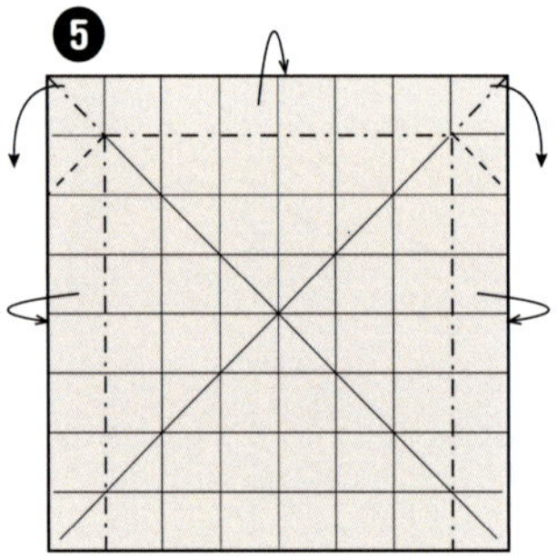

❻ 위쪽을 뒤로 모아 내려 접어주세요.

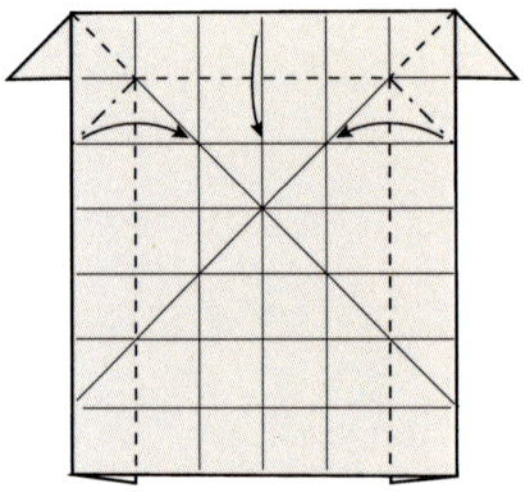

❼ 뒤로 반 접어주세요.

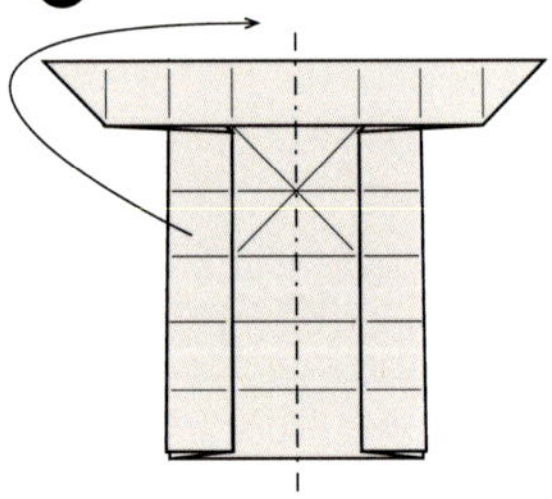

❽ 안으로 넣어접어주세요.

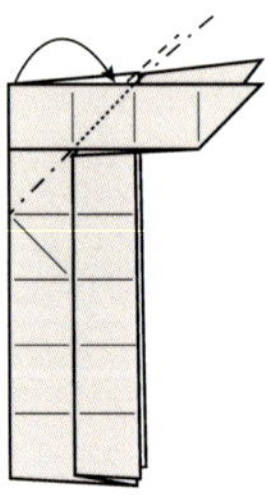

❾ 앞, 뒤 모두 아래로 당겨 내려 접어주세요.

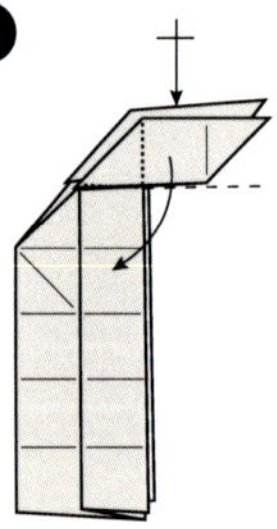

❿ 회전

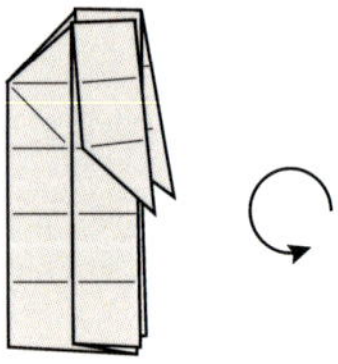

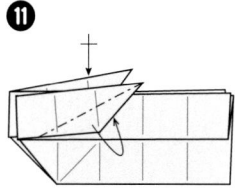

앞, 뒤 모두 뒤로 올려
접어주세요.

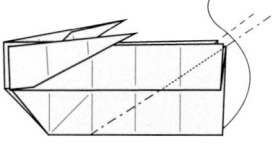

안으로 올려 접어주세요.

앞으로 올려 접어
틈새에 끼워주세요.

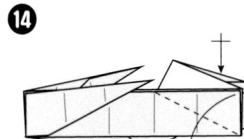

앞, 뒤 모두 앞으로 내려
접어주세요.

앞, 뒤 모두 비스듬히 앞으로
접어주세요.

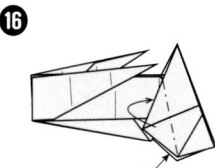

앞, 뒤 모두 비스듬히 뒤로
접어주세요.

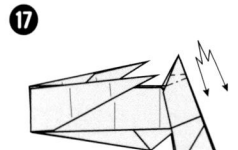

입체 계단 접기로
접어주세요.

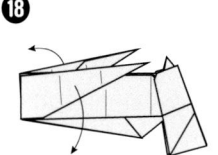

양옆으로 펼쳐주세요.

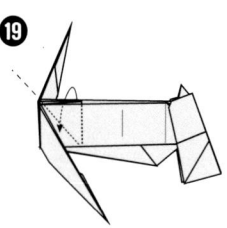

안쪽 부분을 안에서
접어 닫아주세요.

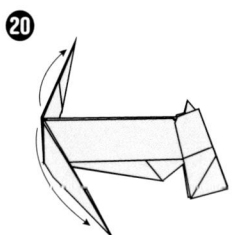

활 부분을 둥글게
만들어주세요.

완성

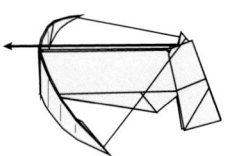

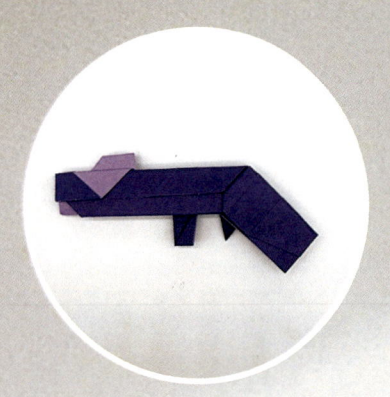

15. 레이저건

× 레이저건

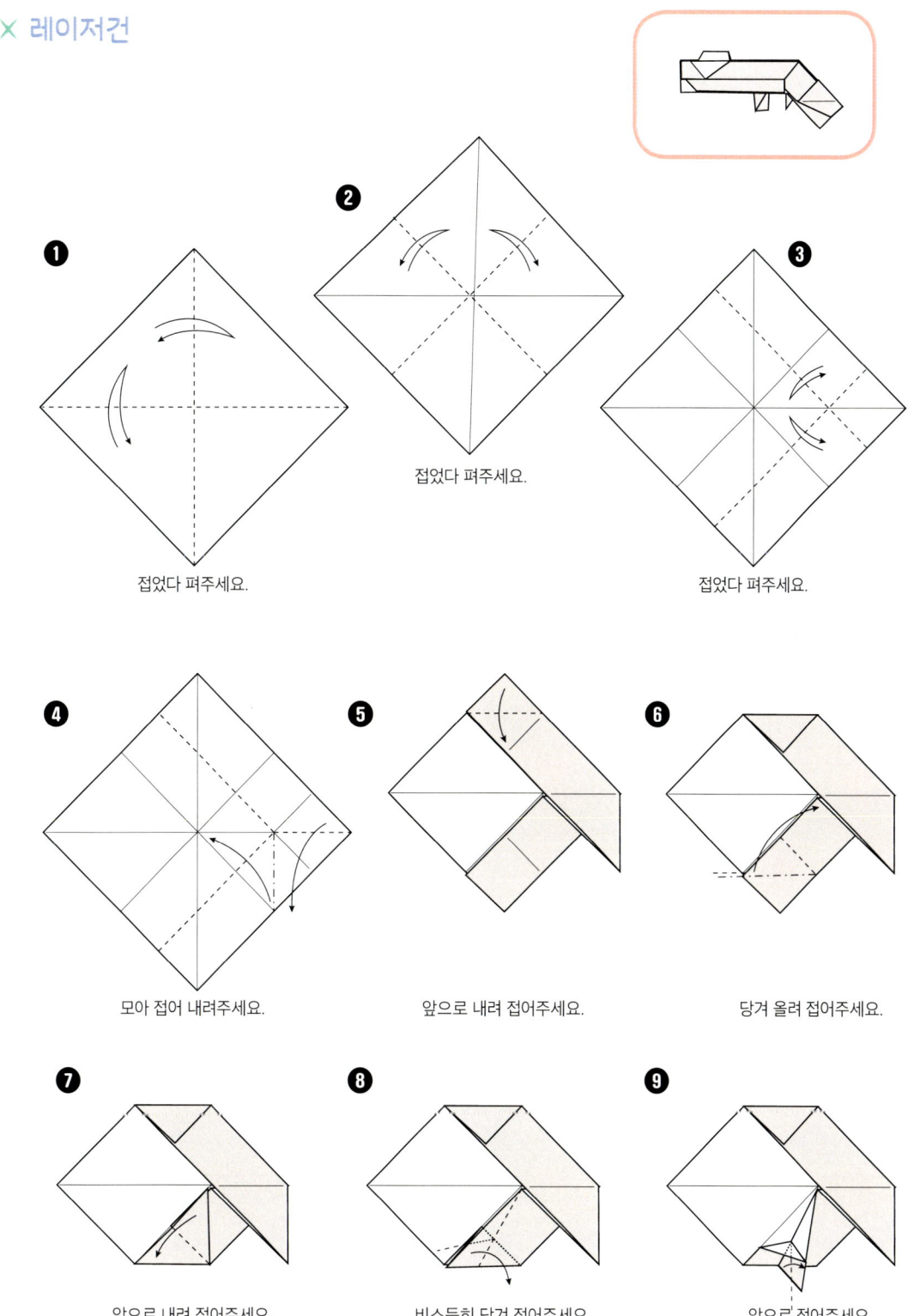

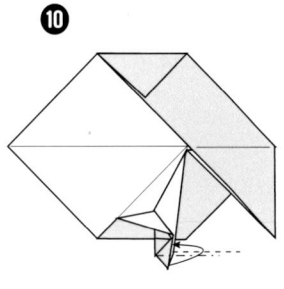

안으로 접어 넣어주세요.

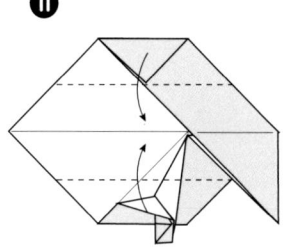

중심에 모아 접어주세요.

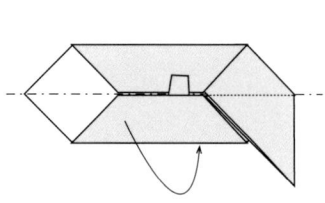

뒤로 올려 접어주세요.

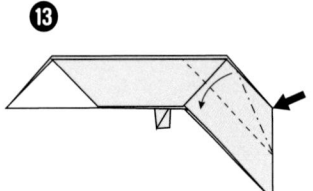

눌러 펼쳐 접어주세요.

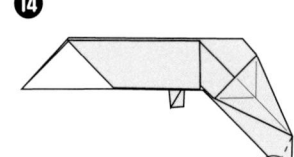

앞으로 접어주세요.

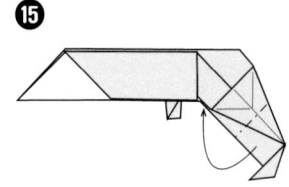

방아쇠 위치에 맞게
뒤로 올려 접어주세요.

뒤로 접어주세요.

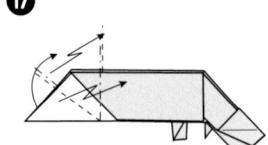

입체 계단 접기로 안으로
접어 빼내어 주세요.

확대

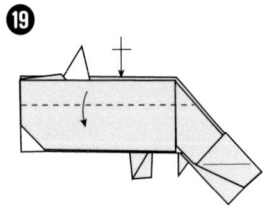

앞, 뒤 모두 아래로
내려 접어주세요.

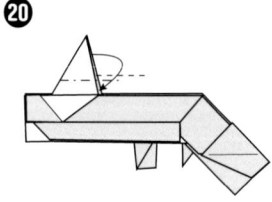

안으로 넣어 내려
접어주세요.

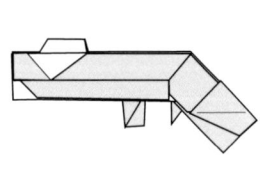

완성

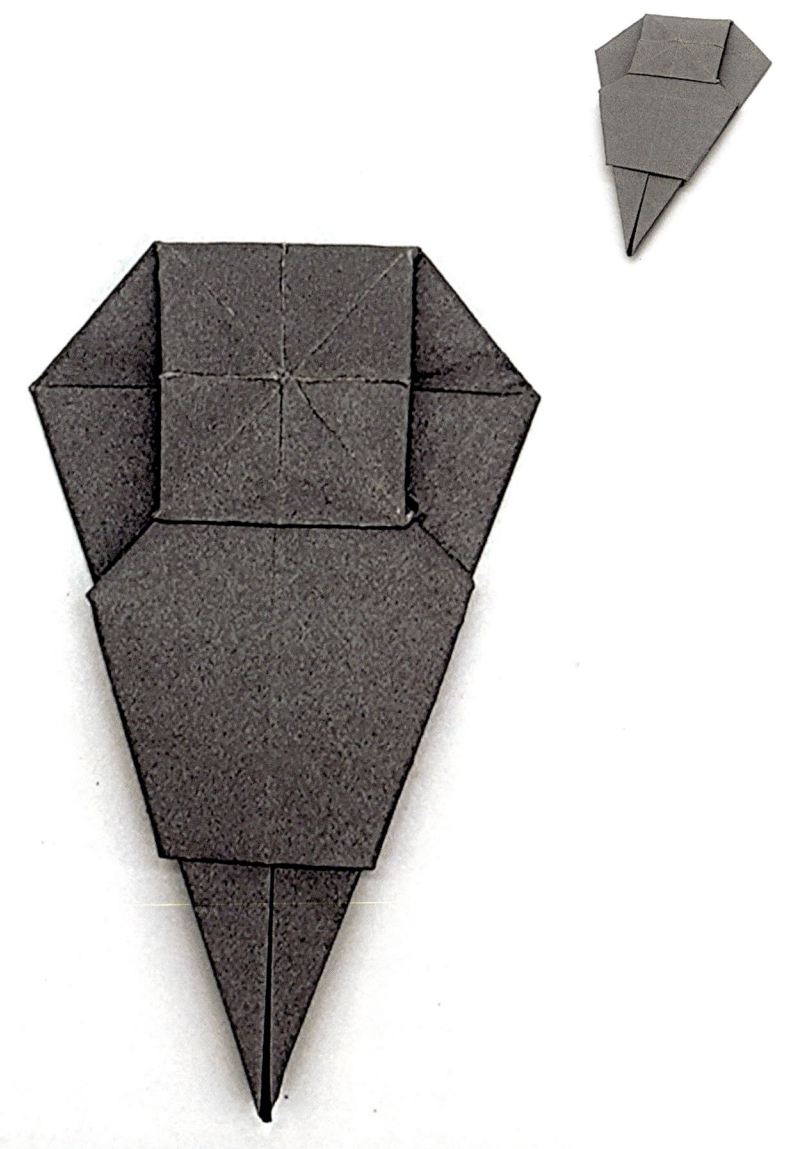

16. 방패 A형

✕ 방패 A형

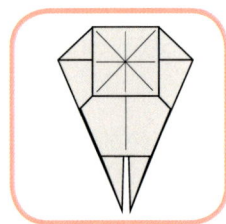

❶ 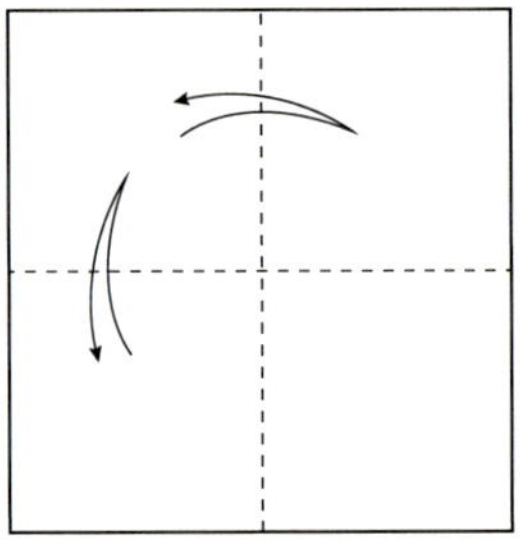 접었다 펴주세요.

❷ 접었다 펴주세요.

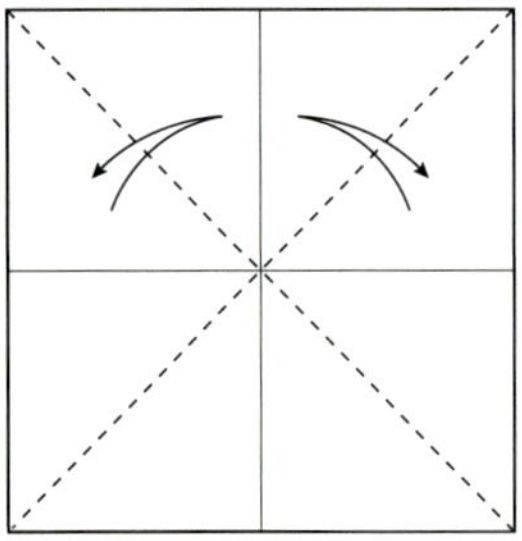

❸ 앞으로 접어주세요. 회전

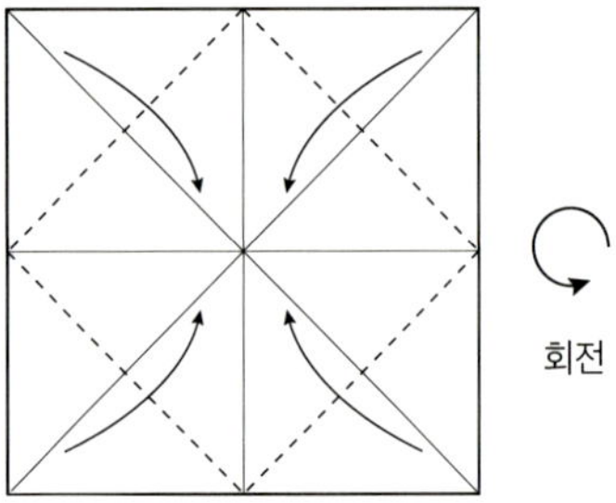

❹ 앞으로 모아 내려 접어주세요. (사각주머니 접기)

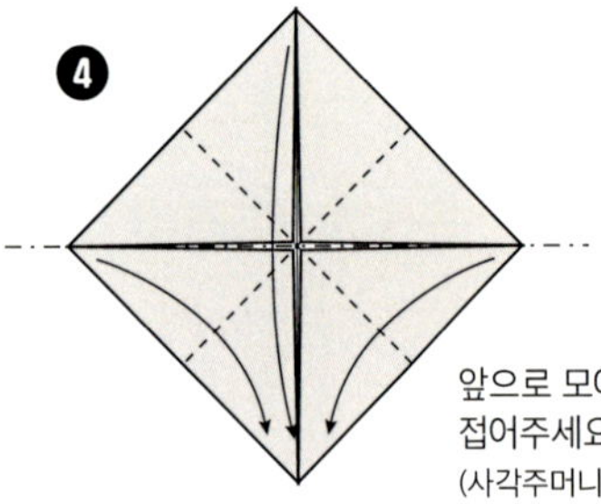

❺ 확대

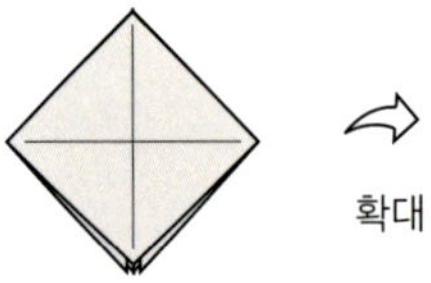

❻ 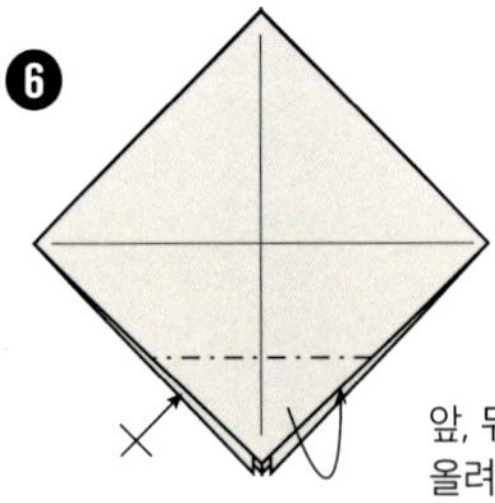 앞, 뒤 모두 뒤로 올려 접어주세요.

❼ 양편 모두 뒤로 접어주세요.

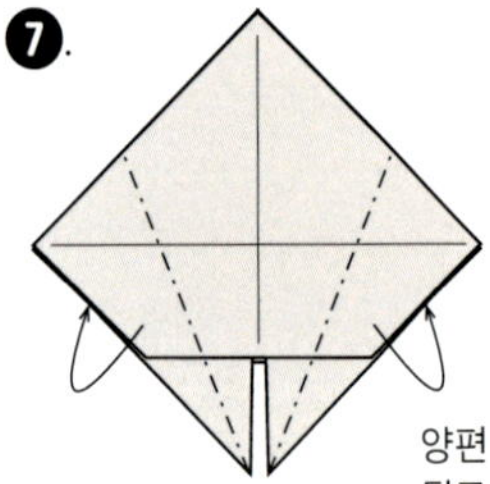

❽ 양편 모두 앞으로 접어 넣어주세요.

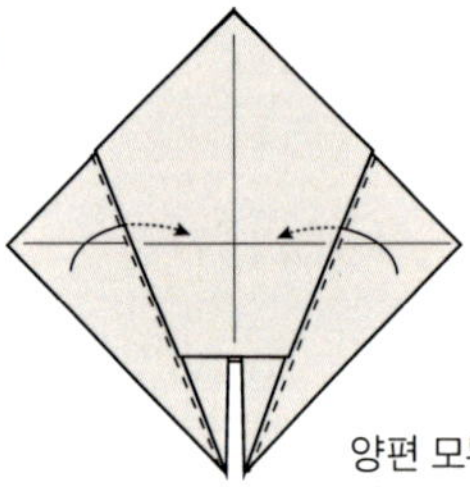

❾ 펼친 함몰 접기로 앞으로 내려접어주세요.

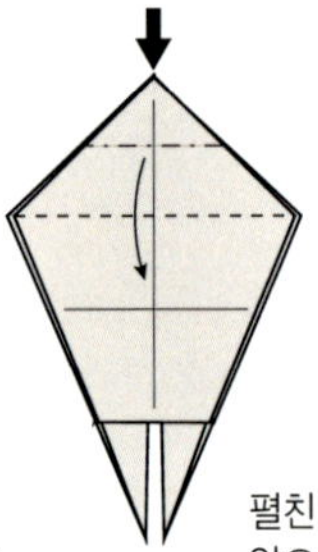

❿ 양편 모두 뒤로 접어주세요.

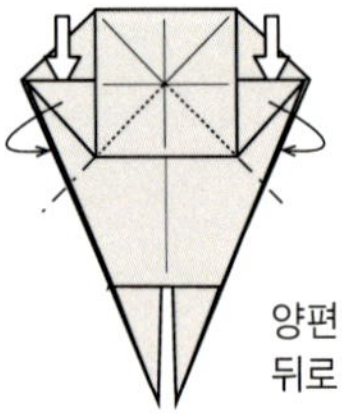

⓫ 완성

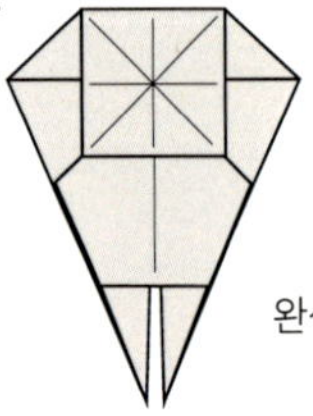

17. 방패 B형

✕ 방패 B형

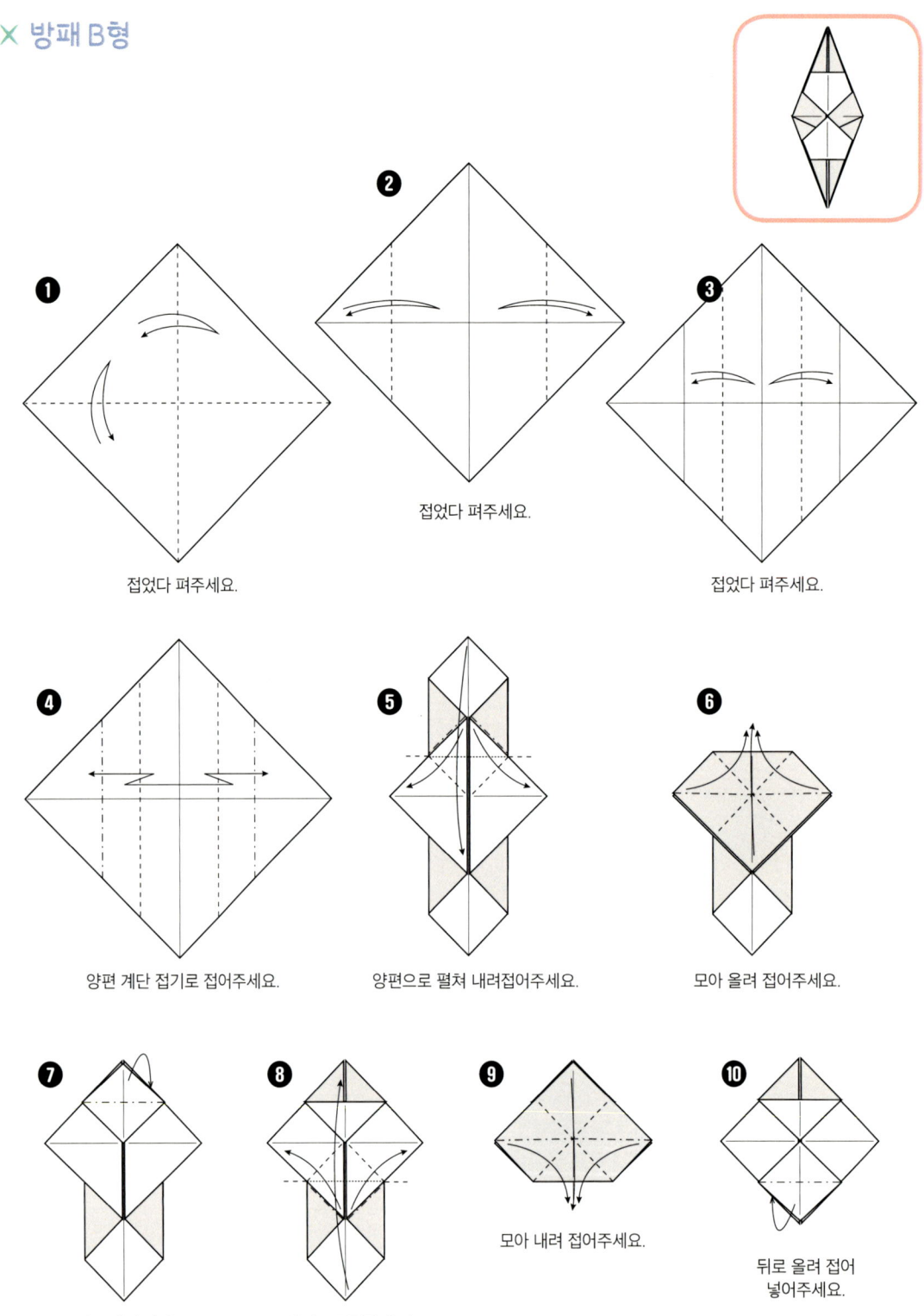

⓫

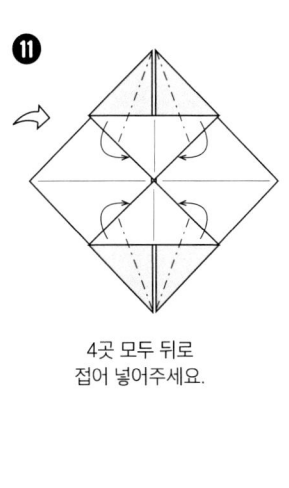

4곳 모두 뒤로
접어 넣어주세요.

⓬

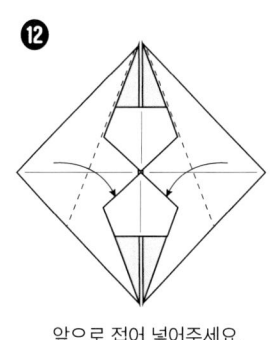

앞으로 접어 넣어주세요.

⓭

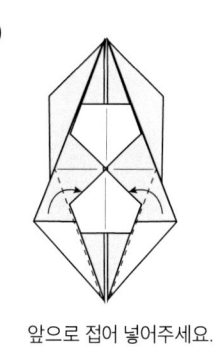

앞으로 접어 넣어주세요.

⓮

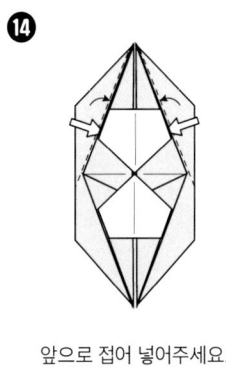

앞으로 접어 넣어주세요.

⓯

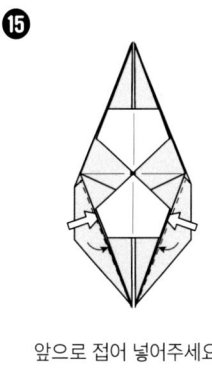

앞으로 접어 넣어주세요.

⓰

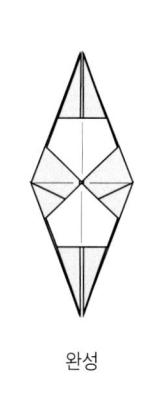

완성